5000グラムで生まれた女の
ちょっと気ままなお話

はじめに

「自伝的なエッセイを書いてみませんか」と言われたのは3年ほど前。以前『このおに』（岩崎書店）という絵本を出した時は、今は亡きボクシングの師匠である梅津さんについて、たくさんの人に知ってほしいという気持ちがあった。しかし自分の話となると、絶対に訴えたい何かがあるわけでもないし、波乱万丈な人生を送ってきたつもりもないため、正直悩んだ。

チャンス大城さんの本『僕の心臓は右にある』（朝日新聞出版）を読んで、「全エピソード面白いやん！　私にはそんな出来事ないしなぁ……」とも思った。

でもマネージャーや周りの人たちから「自分では普通だと思っていても、周りの人からすると面白いって思われることもあるよ」というアドバイスをもらって、自分を振り返るという意味ならいい機会かもと、書くことを決めました。書き始めると全然進まなくて、その間コロナも流行したし、結婚もしたし、個展も開かせてもらったし、いろいろあってボリュームも増えてしまいました。

私の人生の中で、ボクシングの存在はかなり大きい。そもそも芸人でなければ、ボクシングをああいった形では取り組めなかっただろう。芸人でなかったら、ボクシングをやっていなかったら、今ここに私はいなかったかもしれない。ずっと芸人を続けてきながら、女優をやったり、絵を描いたり、いろんなルートをたどってきたからこそ、振り返ってみたら他の芸人にはないエピソードもあるのだと気づけました。

これを読んで、学べることはあんまりないかも（笑）。「私も頑張るぞ！」と思えるポジティブな本でもないかもしれません。でも、まずは笑ってもらえたらうれしいし、昔はコンプレックスでもあった私自身のデカさも、芸人になれたことで克服してプラスに変えられたわけだから、そんなふうに容姿で悩んでいる人の、励みにもなってくれたらいいなと思います。

いつものように「とりあえず、やってみるかぁ」とチャレンジした本です。

のんびり読んでもらえたらうれしいなぁ。

もくじ

第二章　芸する女…45

第一章

追いかける女

子どもの頃は、「恋多き女」だった

今から44年前。天然ボケな母親と、厳格な父親の間に、5000グラムの大きめな赤ちゃんが生まれた。それが後の、南海キャンディーズのしずちゃんこと私である。

私の子ども時代は、一言で表すと「恋多き女」になるだろう。

まず、保育園時代の私は、好きな男の子が常に5〜6人いた。だから、私の初恋の相手は複数人いるのだ。今の性格からは考えられない積極性である。アプローチの仕方も、超積極的だった。

「だいすけ、まこと、なおき、りょう、つよし、みんな好きや〜!」

と、クラスの男の子全員を順番に追いかけ回していた。さらに、何欲というのかわからないが、つかまえた相手を抱きしめていた。

もちろん、ターゲットの男の子たちは、みんなすごい勢いで逃げる。

「またあいつが来た!!」

そんなふうに言われてもな〜んにも気にせずに、「待てー!」と、男の子を追っかけ回す活動に励んでいた。より好みすることなく、男の子なら誰でも良かったのだ。これが保育園時代の私。


小学校に上がると、その性格は少し落ち着いてきた。

好きな男の子が、5〜6人から3〜4人に減ったのだ。小学校のクラスには男の子が20人はいたので、保育園の頃よりはだいぶ好みが絞られてきた。さすがにもう、追いかけ回しては抱きしめる謎の活動はやめたけど、今思い返しても、なぜあんなに積極性があったのか、全く理解できない。記憶は鮮明なので、本当の自分の性格はそっちなのかもしれない。

現に今の旦那様をつかまえる時はめちゃくちゃ積極的だったから。

酔うと「好き好きとチュ〜」を求める父

子ども時代を思い出す時、真っ先に頭に浮かぶのは父の怖い顔だ。

父を漢字一文字で表すなら、「厳」になるだろう。とても厳しく、家族の中で一番強い存在で、当時はとにかくめっちゃ怖かった。夜に父親が仕事から帰ってきてからは、ずっとビクビクして過ごしていたと思う。父から話しかけられたら答えるけど、私から何かを話すことはなかった。それほどビビッていたのだ。

夕食の時なんて、父以外はしゃべってはいけなかった。シーンとしながら食卓を囲み、他の家族は「はい」とだけ相槌を打ち、父の話を聞いていた。

怒った時なんかは特に怖かった。よく外に放り出され、鍵まで閉められた。夜にひとりぼっちで外に出された時は、暗闇の中で大泣きしたなぁ。

厳格、真面目、自分の決めたルールがすべて……これが、子どもの頃の父の印象だ。

ところが、酔っ払った時の父は違った。

父は、私が小学生の頃、よく友達を家に集めてお酒を飲んでいた。酔っていい気分になった父は、私たち姉弟が寝る21時になると、厳しい顔で言った。

「好き好きとチュ～はどうした」

好き好きとチュ～とは、寝る前に行う儀式である。父に頬ずりして、ほっぺにキスをするのだ。私には姉と弟がいて、父の友達がいる時には3人全員がやらされた。どんなに話が盛り上がっていても、真面目で厳しい父は21時ぴったりになると「好き好きとチュ～」の時間を確保した。

保育園の頃は、何も疑問に思わず「お父さんとは誰でもこういう儀式をやるもんや」と、決まり切ったことだと思っていた。でも、小学校に上がるにつれて嫌々やるようになっていった。それでも父は、「うちの子どもたちかわいいやろ」と満足げだった。当時は「嫌々やっとんのに何言ってんだ」と思ってたけど、今なら少しは気持ちがわかる気がする。

「好き好きとチュ～」の儀式のように、酔っ払った父には変な一面があった。

レコードでエルビス・プレスリーを流しながらパンツ一丁で踊ったり、ギターを片手に突然歌いだしたりしていた。シラフの時からは想像ができないが、紛れもなく同一人物。しつけに厳しく、食事中にしゃべらせてくれない人が、自分はパンツ一丁で踊るなんて……。

家族で旅行をした時は、父は宿に着いたらすぐカラオケを探し、見つけると率先して歌いに行っていた。家にはレコードとカセットをかけて流せるでっかいスピーカーがあり、よくカラオケをしていた。

子どもの頃は、とにかく「厳しくて怖い」と思っていたけれど、今振り返ってみると実はひょうきんな人だったとわかってきた。

そして、いま私が芸人の仕事をしているのは、父のひょうきんな部分を受け継いでのことかもしれない。別人格のような二面性をもっているところにも、身に覚えが……。

大人になった私は、父とお酒を飲みに行くようになった。実家に帰ったら父としゃべりたいと思うし、グッとくる言葉をくれることも多い。

私がボクシングに夢中になり始めて、芸人の仕事の割合が減ってきた時のこと。いつかボクシングをやめた時、また芸人の仕事に戻って来られるか不安だった。

その時、父は言った。
「親のところには、いつ戻ってきてもいいいんだぞ。でも、また芸人の仕事がやりたいんやったら、求められる場所がある限りやればいい。大事なのは、人に感謝をすること。それだけ守っていれば大丈夫」

この時だけは、私から父に「好き好きとチュ〜」をしようかと思った。そして、「うちのお父さん素敵やろ」と満足げな顔で、エルビス・プレスリーをＢＧＭにパンツ一丁で一緒に踊れば良かったかなぁ。

スポーツ万能の姉と天然ボケな母

小学生の頃、2歳上の姉のことを「周りにいる人の中で一番すごい」と思っていた。スポーツ万能で、勉強もできる。体力測定やテストの結果が私とあまりにも違いすぎて、「私も2年後にはこうなれるのか？……いや、無理や」と悟っていた。

だから、すべてにおいて私は姉より劣っていると感じていた。年が近いから自分で勝手に姉と比べてしまっていたし、親も当然そう感じているだろうと思っていた。

でも母は、私の心の内を知らずにこう言った。

「おっとりしてるところが静代の良さよ」

そう言われた私は「そうやな！」と同意するはずはなく、「おっとりってなんの能力でもないやん」と落ち込んだ。

それでも母は、「静代には静代の良さがあるわ」とか「比べなくてもいいのよ」と言い続けた。そう言われるたびに、「比べるなって言うってことは、劣ってるって気づいてるやん」と心の中でつぶやいた。

そんな私の子ども心に、母は全く気づいてなかったと思う。母のほうがおっとりしているし、鈍感というか、天然なところがあったからだ。


ある日、私が寝る前にテレビを見ていた時のこと。

母が突然電気を消して言った。

「犬が寝る時間や」

私より犬優先で、私の部屋のテレビと電気を消された。

そして自分は寝室に去って行った。

確かに自分の部屋で犬を飼っていたし、夜も遅かったと思う。でも、私じゃなくて、犬が寝る時間……？　遠回しに私へ送ったメッセージなのか？　まさか犬と私を言い間違えたのか……。不思議すぎて、今でも印象に残っている母の一言で、真相は迷宮入りしたままである。

天然は今でも健在だ。映画で浅田美代子さんと共演したことを電話で伝えると、母は「美代ちゃんと静代ってどっちが年上なの？」と聞いてきた。美代ちゃんと言っているけどもちろん知り合いではない。でもそこじゃない。浅田さんは、当然私よりも年上。しかも20歳以上も上の大先輩だということは明白だ。

母はボケているわけじゃなく、素で聞いてきた。だから私は「いやいやいや、怖い怖い。自分で産んだ子の年もわからんの。浅田さんのほうが上やで」と、すかさずツッコむと、「あぁそうか」とまたのほほんとしていた。

そんな穏やかな母親だが、見た目はロックだった。よく革ジャンを着ていたし、喫煙所でオッサンに混ざって煙草を吸っていた光景が目に焼き付いている。体育教師の仕事もしていたし、実はカッコいい人でもあるのだ。私のファッション感覚に影響を与えてくれた気もする。

厳しい父に対しては、母が一歩引いたり、我慢したりしていた。私たちをフォローしてくれていたことも知っている。

そういうところが私と母は似ていると気づいたのは、芸人になって〝他人にも自分にも厳しい男〟に出会ってからだ。その話はまた後で。

将来の夢はアイドル！

小さい頃の将来の夢はアイドルだった。「芸能界って華やかな世界やな、私もあそこに行きたい！」と、強く強く思っていた。

物心ついた頃からおニャン子クラブに憧れていて、工藤静香さん、渡辺満里奈さん、うしろ髪ひかれ隊が好きだった。中でも工藤さんは、中学校に入ってからもずっと追いかけていた。かわいいし、不良っぽい感じもいい。当時の元気いっぱいなアイドルとは一線を画し、異色の存在だったのだ。

初めて人前で歌ったのは、保育園の時。

今思い返すと不思議なのだが、みんなの昼寝の時間に、私が歌うひとときがあったのだ。子守唄を歌うのではない。私が歌っていたのは、当時好きだった『ウイングマン』というアニメのテーマ曲。しかも、私が『ウイングマン』を歌うひとときは週に何回かあった。私はすごくテンションを上げて歌っていたのに、みんなスヤスヤと眠っていた。結果的に子守唄になっていたのかも……。

お昼寝の時間に聴かされる『ウイングマン』。絶対うるさいに決まってるのに、なぜそんなことをしていたのか、今なお謎のままだ。

小学生になると、クラスのお楽しみ会とか、出し物をする機会がある時に歌を披露していた。一番記憶に残っているのは、3年生の時に、友達と一緒に工藤静香さんの『MUGO・ん…色っぽい』を歌ったこと。でもこの曲は、「目と目で通じ合う　そういう仲になりたいわ」という大人っぽい歌詞で、小学3年生が歌うには早すぎる内容だった。

しかも当時の担任の先生は怖い人で、「芸能に興味を持つなんて子どもらしくない」という考えの人だった。だから、「ませガキやな」みたいな感じで見られていた。

しかし、そんな先生の視線がありながらも、私は「気持ちいい」と悦に入っていた。歌うことも、人前で発表することも、どっちも楽しいと感じたのだ。

最初はグループで
デビューして最終的には
ソロになりたいなぁ…
芸名何にしようかなぁ…

昼寝の時間のうるさい『ウイングマン』と、ませた歌詞の『MUGO・ん…色っぽい』。どちらも聴いてるほうの頭の中は「???」だったかもしれない……。それでも私にとって「アイドルになりたい」と思わせるには十分な経験だった。

ところが、アイドルを目指す静代に、大きな壁が立ちはだかる。

どんどん体が大きくなっていくのだ。さすが5000グラムで生まれただけのことはある。自分の体の成長速度がすごすぎて、6年生になる頃には「明らかに人と違うぞ！　おかしいぞ！」と気づいた。中学生になると、廊下で男子に「岩石女」とからかわれるようになった。

その頃から、人前に出て自分を出したい気持ちと、誰にも見られたくない気持ち、矛盾した両方の気持ちを常に抱え始めた。今なら「大きい体を利用して目立とう」と思えるけれど、その時はまだ繊細な乙女心を持っていたのよ。

そんな葛藤を続けているうちに、アイドルになりたいという夢はいつのまにか消えた。

岩石女と言われた時には、めちゃくちゃ傷ついて、にらみつけることしかできなかった。でも、その悔しさがあったから、「有名になってこいつら見返す！」って思えたのも事実。

過去に戻って、からかってきた男子に「この子将来お笑い芸人になってテレビにいっぱい出るよ」と教えてあげても、絶対に信じないやろなぁ。

砲丸投げで大活躍!

中学校に上がると、部活に打ち込むようになった。

選んだのは陸上部。母が元陸上選手で、姉も陸上部だったため、自然と「私もやるもんや」と思って陸上部を選んだ。

最初は、100メートル走と、走り高跳びと、砲丸投げをやっていた。しばらくして、100メートル走と走り高跳びの記録が伸び悩み、砲丸投げだけはぐんぐん記録を伸ばしていった。スラリとした選手が多い短距離走や高跳びに憧れたけど、砲丸投げが私にぴったりの競技だということは、記録が示してくれた。

中学2年生の時に部活の顧問が替わり、そのタイミングでみんなが部活に来なくなった。新しい顧問は悪い人ではなかったのに、みんな反抗期だったせいで嫌われてしまったのだ。

でも私は、部活に行き続けていた。

「みんな、部活に行こうよ！　先生、ついていきます！」

とみんなを引っ張る優等生だったわけではない。

「友達は関係ない！　もっと上を目指すわよ！」

と熱い選手だったわけでもない。

ただ「部活には行くもんや」と思い込んでいて、何の疑問も持たずに通っていただけなのだった。

「今まで2年間やってきたわけやし、先生が替わったからって急に行かんようになるのもようわからんしなぁ。せっかくやし、記録も伸ばしたいわ」

という気持ちでひとり黙々と部活にいそしんでいた。

みんな部活に来なくなってしまったから、顧問の先生と2人で大会に行ったこともあった。

当時から私はマイペースだったのか、先生と2人きりでも気まずくなることなく、淡々と競技に出ていた。

中学校の部活は、芸人になる上でのターニングポイントでもあった。後に一緒にお笑い芸人を目指すことになる、前野里美さんと出会ったから。

前野さんの第一印象は、「顔が濃くて色黒」。そして誰とでも仲良くできる子だったので、私もすぐに打ち解けた。

仲良くなるうちに、前野さんのいろいろな面が見えてくる。挙動不審。人に気を使う。間を嫌う。常にせかせかしていて落ち着きがない。人を楽しませるために、よくふざける。みんなから好かれている。だけど、正真正銘のネアカではない。

明るい前野さんと物静かな私が仲良くなれた理由は、前野さんが心の底から明るい人ではなかったからだと思う。だからこそ、一緒にいて居心地がよかった。

中学生の時は、前野さんとお笑いコンビを組むなんて、1ミリも思っていなかった。その時は、アイドルの夢を諦めた頃だったし、まさかお笑い芸人になるなんて考えもしない。

前野さんとは中学卒業と同時に一度、疎遠になった。再会したのは大学を卒業してからだ。

高校ではサッカー部に所属した。入学したのは茨木西高校、そのサッカー部といえばナインティナインさんも所属していたことで有名だ。ポジションはゲームを組み立てる中盤のかなめであるミッドフィルダー。練習を始めてすぐに、「あ、向いてへんな」と気がついた。司令塔なのに私は司令するタイプじゃないし、そもそも司令したくても声が小さくてみんなに聞こえないのだ。

静代「下がれ〜」

みんな「え？　何て？」

ずっとこんな調子だった。

なのに、ミッドフィルダーは続けた。理由は、攻めも守りもやりたかったから。つまり欲張りだったのだ。

高校の3年間、みんなに聞こえない司令を出すミッドフィルダーを続け、才能を咲かせることなく卒業と同時にサッカーはやめた。

でも学んだこともある。マイペースな私には、１人で走ることが性に合っていると気づいたのだ。走るだけなら司令もいらないし、声も出さなくていいからね。

黙々と、淡々と、走りながら自分と向き合う作業は今も続いている。

強さに憧れてドラゴンボールにハマる

私は小さい頃からアニメや漫画が大好きだ。

小さい頃は、『魔法のプリンセス　ミンキーモモ』『魔法の天使クリィミーマミ』など、女の子が変身するアニメに、どハマりしていた。

小学校高学年ぐらいからは、『ドラゴンボール』にハマりだした。20代後半からボクシングを始めることになるのだけれど、強さへの憧れは、この頃からあった。口下手な私は、「口では勝てなくても、力で勝てば勝ちや」という変な考えを持っていた。「弱いからナメられるんや」と、心の底で青い炎を燃やしていた。

でも当時は、「強くなりたい」と思っても、けんかをしたり、格闘技を習ったりするわけではなかった。そもそも私は平和主義者なのだ。

何から始めるべきか……。考えた末に、みんなもやっていたと思うが、本気で「かめはめ波を出したい！」と、構えの練習をすることにした。悟空になったつもりで、かめはめ波の練習はしばらく続けたが、波が出ることはなかった。

ベジータも大好きだった。私は、ちょっとワルっぽい人が好きなのかもしれない。だから、ブルマと結婚した時はショックだった。人間らしくなってほしくない。ベジータがシャツなんか着ちゃった日には「ワルっぽい最初の頃のベジータでいてくれや！」と思ったものだった。

高校生になると、とある男性の影響で、大友克洋さんの漫画『ＡＫＩＲＡ』（講談社）も読み始めた。

男の影響と言っても、彼氏ではない。片思いの相手である。しかも、その彼に勧められたとかでもなく、ただ彼の描く絵がＡＫＩＲＡっぽかったから、少しでも彼のセンスに近づこうとした結果だった。

美術部で絵を描くのが得意だったＡ君は、いわゆるモテ男ではなく、どちらかというと、「個性あるね！」みたいなタイプ。

漫画だけではなく、A君の影響は、多々受けている。
彼は『ブルーハーツ』のコピーバンドを組んでいたので、私もブルーハーツを聴くようになった。きっかけはA君だったけど、高校生の頃、コンプレックスの塊だった私には、ブルーハーツの歌詞が心の支えになった。

カッコ悪くたっていいよ　そんな事問題じゃない
君の事笑う奴は　トーフにぶつかって　死んじまえ
（ダンス・ナンバー／作詞・作曲：真島昌利）

体が大きいことをからかわれた時や、上から目線で嫌なことを言われた時は、この歌をよく聞いた。
芸人になってから、ブルーハーツの甲本ヒロトさんと、マーシーこと真島昌利さんにお会いすることができた。「漫才を生で見させてもらったことがあります」と言われた時には、めっちゃ泣いてしまった。2人が目の前に実在していることが信じられなかった。私を認識していることにも感激して、2人のことが昔から大好きなのに何も伝えることができなかった。

心の支えであり、高校時代の恋愛の思い出の曲。

いや、そんなに甘く切ない話じゃない。この恋は、高校生の時に始まったけれども、その後芸人を始めた20代半ばまで引きずることになる、ストーカーまがいの恋愛だった。

バンドマンの追っかけになる

冒頭に書いた通り、私の初恋は保育園の時で、クラスの男子5～6人のことが好きだった。「みんな大好きや～！」と追いかけ回していたし、異性なら誰でもよかった。

そして、高校時代に経験する2度目の恋が前述したA君。7年にわたって好きでい続けた。人ってだいぶ変わるもんやな……。

きっかけは、高校2年生の時。同じクラスになったA君は、美術部に所属していて、絵がうまくて、バンドもやっていて、芸術家肌の人だった。

どんな人かと言われても、実はよく知らない。私が一方的に思いを募らせていただけで、一向に距離は縮まらなかったからだ。

高校を卒業する間近のバレンタインデーに、「もう会えなくなるかも！」と思ってチョコレートを渡した。恥ずかしがりで引っ込み思案な私は、告白できずに、ただ黙ってチョコレートを渡すだけで精いっぱいだった。

でも私は「静代ちゃん、よくやった！」と、当時の人見知りだった自分を褒めてあげたい。A君には、「俺のこと気に入ってくれてるのかな」ぐらいは伝わっただろう。それだけで十分だった。

……これで終わっていれば、青春時代の甘酸っぱい恋の思い出だった。

それなのに私は高校卒業後もA君を思い続け、ストーカーと呼ばれてもおかしくないほどに追いかけてしまった。

卒業後も、A君はバンド活動を続けていた。

どこのスタジオで練習しているのか情報が入ったら、そのスタジオを見に行った。ライブがあれば、もちろん訪れた。A君が進学した大学を勝手に見に行って、「ここに通ってるんや」

と想像しながら、憧れていた恋愛ドラマ『東京ラブストーリー』の赤名リカが、小学校の柱に名前を彫っていたのをまねして、大学にあった石に名前を彫ったりもした。

短大に進学した私は、サークルには入らずに、A君がギターを担当するバンドを追いかけ回すことに精を出していた。月に1回ほどあるライブは全部行っていたし、当時の唯一の楽しみでもあった。

つまり私はA君のバンドのお得意さんだった!!

ブルーハーツのコピーバンドから始まったそのバンドは、オリジナル曲も作るようになっていた。音楽性は、パンクロックから、ポップな要素が入ったロックに変わっていった。私にはイケてるように聴こえた。A君のことが好きだったので、彼が生み出す音をとても尊敬していたのだ。

私のファッションは、どんどんパンク寄りになっていき、髪の毛を青く染め、鼻にピアスを開け、ヒョウ柄のパンツをはいていた。当時はパンクファッションの再流行もあってヴィヴィアン・ウエストウッドも人気で、私も背伸びしてよく着ていた。

パンクファッションを身にまとった、青い髪で鼻にピアスを開けた巨大な女が、毎回ライブハウスの最前列で、しっとりしたバラードっぽい曲でもA君のためやと思ってヘッドバンキングしていた。その光景を今、冷静に考えたら、ちょっと怖かったかもしれない。

A君はバンド活動を続け、私は短大を卒業して、紆余曲折あった後に芸人になった。

芸人の仕事を始めてしばらくすると、東京に行くことが増えてきた。それでもまだ追っかけを続けていた私は、いい機会とばかりにA君の東京でのライブも見に行っていた。

そして、高校2年生だった私たちは、24歳になっていた。

長すぎる恋の終わりは突然やってきた。A君のバンドが解散したのだ。

7年も追いかけてきた私は、この恋がかなわないこともわかっていた。だから、自分の気持ちにケリをつけるために告白した。

私が
このバンドを
盛り上げねば…
きゃあああ
かっこいい〜

もちろん付き合うことになるはずもなく、A君は「なんでいまさら告白してくるんだろう」という顔をしていた。

死ぬほど落ち込むかと思ったが、そうでもなかった。告白する前から「どうせ無理やろ」って思っていたので、意外と落ち込まずにすんだのだ。

こうして私は、7年に及ぶストーカー予備軍と言われかねない危ない生活を終わらせることができた。今思えば、いちずを通り越していたな……。

異性なら誰でも良かった幼少期と比べると別人のようだが、好きな人を追いかけ回すって意味では、何も変わってないやん!

短大時代の心の叫び「地球なんて滅びろ！」

人生を振り返った時、最も暗黒だったのは短大に通っていた18〜20歳の時だ。中学から始まった「体が大きいコンプレックス」をごまかしごまかし生きていたけど、乗り越えられずにこじらせまくった結果、「地球なんか滅びたらいいのに」がログセになっていた。

英語が好きだったので英語を学べる大学を選んだけれど、恥ずかしがりな性格のせいで全く英語を話せるようにならない。頭の中で英文をきれいに作ってからじゃないと恥ずかしくて口に出せないから、上達しないのだ。そもそも私は無口だ。日本語もベラベラ話すほうではない。

授業に身が入らない私は、大学をサボりまくっていた。殻に閉じこもって友達を作る気がなかったので、大学に行った時もほぼ誰ともしゃべらずに過ごした。

成人式では、皆が着飾っている中、私だけボロボロの破れたジーンズをはいて出席した。それがパンクスピリッツだと言わんばかりに。サークル活動や合コンなどに精を出している周りの人たちに対し、「こいつらしょーもないわ」と見下してしまっていた。


そんなやさぐれていた私だが、アルバイトは新聞配達と回転寿司という、いたって真面目なものを当たり前のように選んでいた。

当時の1日のスケジュールはこうだ。朝3時頃に起きて新聞配達に行く。8時に帰宅して、寝る。夕方5時ぐらいに起きて回転寿司のアルバイトに行く。夜11時ぐらいに終わって帰宅。大学よりも、アルバイトと寝る時間を優先させていた。

この生活の合間に、A君の追っかけ活動が入ってくる。これが私の大学生活のすべてだった。

ただ、大学に行っていないことがバレたら、あの怖い父親に怒られるため、留年はしたくなかった。2年生の時は、ひとつでも単位を落としたら卒業できないし、頼れる友達もい

ないという追い詰められた状況だったが、めちゃくちゃ頑張ってギリギリで卒業できた。

そういえば、短大生活の中で唯一楽しかったことがある。2年生の時に、1カ月だけアメリカの田舎のほうに留学したのだ。記憶力の悪い私が、このたった1カ月の出来事を覚えているのには理由がある。

アメリカでも、私が一番体が大きかったのだ……！

「欧米人に紛れたらモテるんちゃう」と淡い期待を抱いて渡米したが、全然モテない。アメリカでも「大きいしずちゃん」のままだった。

その点は期待はずれではあったが、「地球なんて滅びろ！」と思わないでいられたわずかな時間だった。私はどこの国でも大きいということだけでなく、少なくとも世界は大きかったということは知れたと思う。

体が大きいコンプレックスがなくなるまで、あと数年。この時もまだ、芸人になるなんて想像もしていなかった。

就職先は劇団ひまわり⁉

大学を卒業することで精いっぱいだった私は、就職のことなど全く考えていなかった。小学校の頃は「学校には行くもんや」、中学では「部活は続けるもんや」と思い込んできた私だが、就職だけはそう思えなかった。毎日会社に行って、楽しく仕事をしている自分が想像できなかった。

「自分に嘘をつきたくなかったの！」

とでも言えればかっこいいけど、当時はただただ、やる気がなかったのだ。

だから、先のことを考えず、「服買いたいからバイトだけはしとくか」って感じで、カラオケボックスで働きだした。お金が足りなくなったら借金すればいいと思っていたし、実際に一度だけ借金したこともある。

先のことを全く考えず、行き当たりばったりの生活をしていた。今では山ちゃんのことをクズだなんだと言っているけど（笑）、この時の私もなかなかのクズやな。

もちろん、そんな生活に納得できるはずはなく、ますます自分が嫌いになっていった。周りはみんな就職している中で、レールに乗った彼らを見下していながら、自分は底辺に落ちたと思っていた。このままじゃヤバい。でもやる気も出ない。

「こんな気持ちでずっと生きていくなんて嫌や」

短大を卒業して、暗黒時代の底の底まで落ちた時、ある考えがひらめいた。

「そうだ、劇団ひまわりに応募してみよう」

劇団ひまわりに特別な思いがあったわけではない。ただ「聞いたことある名前だから、有名だろう」と思っただけだった。あまりにも唐突な思いつきだが、私はいつも直感を信じてチャレンジするタイプだった。なぜかこんな時だけは物おじしない。

劇団ひまわりのスクールに通うためのオーディションはすんなり通った。でも、もちろん仕事があるわけではない。まずはレッスンがあり、3カ月に1回、上のクラスに上がるためのテストがある。

テストは、皆1～2回受けてすぐに上のクラスに上がっていった。テストの内容も簡単で、「台詞をハキハキしゃべる」とか、基本的なこと。でも、私は2回連続で落ちた。「滑舌が悪い」「眠そう」「何を言っているかわからない」「声が小さい」という理由だった。

でも、あまり落ち込まなかった。なぜなら、一念発起して劇団ひまわりに入ったわけではなく、やる気がない生活の中で「応募してみるか」と軽い気持ちで入ったからだ。だから、「ここにいても何もならへんわ」と気づいて、上のクラスに上がれなかったことをきっかけにやめてしまった。

そんな中途半端な気持ちで入って、すぐにやめてしまったけど、チャレンジした甲斐はあった。劇団ひまわりのスクールで、シチュエーションの授業だけは好きだった。設定を与えられて、あとは自由に演じるというもの。
決まりはないのに、なぜか私は「見ている人を笑わせないといけない」と思い込んでいた。だからといって、笑わせられているわけではなかったが、「普通にやってもしゃーないし、笑わせないと意味がない」と思っていたのだ。

これが、私の中に「人を笑かしたい」という気持ちがあると気づいたきっかけだった。授業の延長という感じで、1人でやるオチのないコントを書くようになった。劇団ひまわりをやめた後も、これは続けていた。

「あれ？　なんか楽しいかも⁉」

直感、チャレンジ、思い込み、これが私の原動力なのか。ようやくA君の追っかけ活動以外に楽しいことを見つけた。
どんだけ暗いねんと思うけど、しずちゃん的暗黒時代にようやく差した光だった。

第二章

芸する女

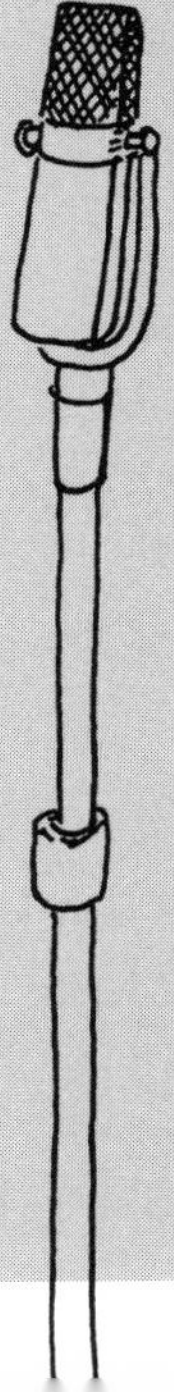

私ってヤバい人？

1人コントをしばらく続けていたある日、ふと思いついた。

「これ、2人でやってみたらどんな感じなんやろ」

しかし、「一緒にコントやろうや」と誘えそうな人が思い浮かばない。短大時代は友達がいなかったし、ストーカーまがいのことをしていたA君は……誘えるわけがない。

「うーん」と頭をひねってしばらく考えてみて、中学校で同じ陸上部だった前野さんが、吉本の養成所に通っていたという噂話を思い出した。ぴったりの人材がいるやん。久しぶりに連絡を取ってみることにした。

「コントのネタを書いてみたから、一緒にやらへん？」

もしあなたが、中学校の時にほとんど声を発していなかった子から、突然こんな連絡をもらったらどう思うか想像してみてほしい。たぶん、驚いて無視すると思う。私も多分そうする。でも、前野さんはNSCに入っていたこともあり、「ええで」と返事が来た。

それから、1人コントに前野さんが加わった。

当時やっていたのは、シュールすぎてよくわからんコント。オチでは絶対にどっちかが死ぬ、みたいなネタを量産していた。

ある時、自分たちの姿をビデオに撮ってみたことがあった。「客観的に見て、どんな感じやろ?」と興味が湧いたのだ。撮ったのは、美容院の設定のコント。私が美容師で前野さんがお客さん。美容師が変な人で、お客さんがツッコんでいくものだった。

撮り終えて、ワクワクしながらその場でビデオを再生し、衝撃を受けた。

「私、めっちゃヤバい人やん」

普通にやっているつもりだった。でも、ビデオに映っているのは、痛くて、危なくて、テンションが低くて、ギリギリ人間として生きている女だった。

「私って、人前に出たらあかん人間なのかもしれん」

そう思ったぐらい、ひどかった。

でも、すぐにやめようとは思わなかった。なぜなら、「私ってヤバい人なんやな」と「楽しいな」の気持ちが同時にあったから。遊び感覚で再びネタを作り続けて、ほかの友達にも見せるようになっていた。


芸人しずちゃんが誕生した瞬間であった。

芸人デビューの舞台は10秒で退場

ヤバさを自覚した私は、修正するのではなく、そのヤバさを磨き続けてしまった。

なんと私は、危ない人丸出しのヤバいコントを、「もっともっと多くの人に見てもらいたい！」と思うようになっていた。このことを前野さんに打ち明けると、軽いノリで「やろうや」と言ってくれた。そして、吉本の養成所にいた彼女は、１人１０００円払えば出られるｂａｓｅよしもとのオーディションライブがあることを教えてくれた。

軽い気持ちではあったが、初めて人前でネタが披露できるので、緊張しながら申し込んだ。コンビ名は「西中サーキット」。茨木市立西中学校、通称「西中」の陸上部で出会った私たちの、練習メニューから名前を取った。このオーディションに受かれば吉本に所属できるわけではない。受かったら決勝戦があり、そこで上位に入れたらさらに上のガブンチョライブの入れ替え戦に出られる。そこでも受かったらまたさらに上のライブに……と、いくつも段階がある。

それでも、当日は胸が高鳴った。

客席には知らない人たちがポツポツと座っていた。華々しい初舞台になることを想像しながら、小さなステージの中央へ向かう。

私たちは今、芸人への一歩を踏み出すのだ！


「……カーン！」


ネタが始まって10秒ほどのところで、退場の鐘が鳴った。華々しくネタを披露するはずの西中サーキットの初舞台は、つかむ間もなく終了。緊張した意味がないほどの瞬殺。思い描いていた世界とは、全く違った。

でも、周りもみんな似たようなものだった。「誰やねん」っていう芸人たちが何十組もいて、平均10〜20秒ぐらいで退場。もちろん、私たちもその「誰やねん」の中の一組であることは間違いなかった。「誰やねん」状態から抜け出すのって難しいんや。これは、アイドルに憧れていた時も、劇団ひまわりにいた時も、知らないことだった。

諦めた先にとんでもない出来事が待っていた

「それでも諦めずに挑戦し続けたから、今のしずちゃんがある」

そう言えたら、どんなにかっこいいだろう。しかし実際の私は、オーディションライブを2回で諦めた。どうだ、早いだろう。

2回目は、「前回は運が悪かっただけ、今回こそ」という気持ちだった。しかし、1回目と同じように瞬殺。客席や芸人からのリアクションもない。

私は早々に心が折れ、「やっぱり無理やったわ、やめよう」と前野さんに告げた。するると、「もう次のオーディションの予約取ったで」とあっさり言われた。私は、「なんや、取っちゃったんか」と思った。でもまぁいいや。最後のつもりで、そのオーディションは受けることにした。

それまでの私は、ネタにこだわりがあって、本当は漫才でそれを見せたかった。でも、前野さんはシュールなショートコントをやりたがった。そんな意見の食い違いがありながらも、もうオーディションはどうでもよくなっていたので、前野さんの言う通りにすることにした。自分的にはモチベーションも上がらず、練習の回数は、それまでよりも少なかった。

だから、1回目のような胸の高鳴りはなかった。ただ淡々と、以前と同じように、ゲーセンの横を抜けて、1階が書店になっているビルの階段を下りて、baseよしもとの会場に向かう。楽屋はほぼ素人の集まりなので、ピリピリというよりも、ただザワザワしていた。

そして、西中サーキットの名前が呼ばれる。

「最後やし、まぁ思いっきりやるか」

開き直った気持ちでステージに出て、ネタをやった。カラオケボックスの店員と客のコントだった。シュールで異様な空気感を醸し出しているうちに、気がついた。

「あれ？　鐘が鳴らない」

そしてお客さん役の前野さんがツッコミのフレーズを言った時、会場が〝バンッ‼〟と沸いた。はじめてウケたのだ。

前野さんの言うことを聞いたからウケたので、複雑な気持ちではあった。それでも、ウケたうれしさのほうがずっと勝っていた。

「ウケるってこんなに気持ちいいんや……」

ネタをしながら、そんなことを考えていた。

この時ウケていなかったら、間違いなくお笑いの道に進むことは諦めていた。前野さんが、芸人としてのスタート地点に、大きな私を軽々と乗せてくれたのだ。

今でも、芸人人生の中で最初に思い出すうれしかったことは、初めてウケたこのオーディションライブだ。

アイドルよりも芸人になりたい!!

オーディションライブでウケたことで、お笑いに対して徐々に本気になっていった。

かつてアイドルに憧れていた私は、体が大きくなり、人を笑わせるためにコントを書き、披露している。なんだか想像していたのとは違う場所に来てしまった……。だけど、幼少期からの「有名になりたい」という気持ちが、私を後押ししていた。

オーディションライブに受かるのが何度か続くと、地上波ではないが、お笑いの番組や、先輩のライブに呼ばれるようになった。

中でも、バッファロー吾郎さん主催のライブに出られたのは、うれしかったことのひとつだ。

当時は、イケメンでキャーキャー言われるようなタイプの芸人が人気だった。人気がある＝ウケている、という感じがあったように思う。

でも、バッファロー吾郎さんのライブに出ている人は、そうじゃなかった。本当に面白い人たちが集まっていた。キャーキャー言われている人たちが面白くないって言いたいわけじゃないんやけど、そのライブに出ている人たちは「本物」って感じがしたのだ。だから、呼ばれた時は、「私たちもその仲間に入れたんや!」と思って感激した。

今振り返ると、ただでさえ少ない女性コンビの中でも、ちょっと男っぽくてあんまりしゃべらないキャラクターが物珍しかったんだろうなと思う。それでも、面白い先輩に気に入ってもらって、ライブに出させてもらえるのは、ペーペーの若手の芸人たちにとって一種のステータスだった。

こうやって私は、少しずつ「お笑い芸人」になっていった。

これまでの世界の歴史の中で、さまざまな革命が起きたから今がある。いきなり大きな話になってしまったが、芸人1年目の西暦2000年は、私の中で革命が起きた年だった。

体が大きいことが気にならなくなっていたのだ。いや、気にならないどころか、「私にとってプラスになっている」とすら感じていた。

それまでは、体が大きいことはマイナスでしかなかった。この体格は、どう考えても「山崎静代のいいところ」に転じるはずがないと思っていた。

ところが、芸人になると違う。

この世界では「大きい」って周りからいじってもらうのは、おいしいことでしかない。ザ・プラン９のお〜い！久馬さんに「平成の『ＴＨＥ♡かぼちゃワイン』」と言ってもらいウケたことも忘れられない。これは私にとって、天地がひっくり返るほど、びっくり仰天したことだった。

暗黒期の根源となっていたことが、芸人になって「個性」に変わるとは……。

ライブに出るようになった頃、お笑い好きの人から顔を指されるようになってきた。

「西中サーキットの人ですよね？」

そう言われるたびにむちゃくちゃうれしくて、私の知らない人が私を知ってくれている喜びを感じていた。

誰にも見られたくない気持ちを抱えて葛藤していた自分はいなくなっていた。むしろ、地球はぜひ滅びないでほしいし、次はテレビに出たいと思っていた。

手に入れた東京への切符！

西中サーキットとして名前が知られるようになった頃、私には引っかかっていることがあった。私は、ネタ合わせは何時間でもやって、安心したいタイプ。しかし、前野さんは違ったのだ。

例えば、夏に外でネタ合わせをしていると、蚊に刺される。私は、「そんなん関係あらへん、しゃあないやんか」と思っていたけど、前野さんは嫌がっていた。ほかにも、暑いとか寒いとか彼氏に会いたいとかで、「はよ帰りたい」と言いだすこともよくあった。思っていた以上にデリケートで乙女な部分があったのだ。

それを聞いて私は、「なんやねん」と思いつつも、怒ってはいなかった。彼氏がいる乙女の気持ちをわかったような顔して注意するのも違うと思った。でも、今思えば、その時点でお笑いに対する気持ちには、温度差があったのかもしれない。

そんな中、お笑いに本気になって2年ほどたった頃、ＡＢＣお笑い新人グランプリで審査員特別賞を受賞した。1月の、薄曇りの日だったと思う。

予選とかがあったと思うのだが、正直あまり覚えていない。一番自信のあった学校のコントをやったことは記憶にある。生徒役の前野さんがツッコミ、先生役の私がボケだった。

あまり覚えてないくせに、受賞したうれしさは覚えている。当時はテレビに出ることを目標にしていたので、大阪の番組で賞を取って、たくさんの人に見てもらえたことがうれしかった。もちろん前野さんも大喜びしていた。

親もこれで少しは認めてくれたと思う。それまでは、反対まではしないものの、「何かやっとるな」「いつまでやるんや」と思っていたみたいだったから。

そして、ＡＢＣお笑い新人グランプリの審査員特別賞は、西中サーキットに変化をもたらした。

オーディションが増え、初めて東京の仕事が決まったのだ。『イケチキ!!』（ＴＢＳ系）という、キングコングやニブンノゴ！が出ていたコント番組だ。

めっちゃうれしくて、もともと低いテンションもこの時ばかりは少し上がったけど、そのことに気づいている人はいなかっただろう。緊張と期待で胸をいっぱいにして、ワクワクしながら東京へ向かった。

「前野さんと一緒に、もっと上に行くんや」と、東京で活躍する西中サーキットを妄想していた。

西中サーキット、解散……

「もうやめたい」

『イケチキ!!』の1回目の収録が終わった直後、前野さんが言った。それは、番組を降りたいという意味じゃなくて、芸人をやめたいという意味だった。たった1回の収録が、前野さんの心をポッキリと折った。

その気持ちは、私も少しわかった。収録はうれしいはずなのに、思うように話すことも動くこともできないし、全く場になじめないのだ。

収録のために東京に一泊して翌日帰るというスケジュールだったので、遊ぶこともできたけど、東京を楽しむことはなかった。東京の街全体が怖く感じて、「はよ大阪に帰りたい」と思っていた。

だから私もしんどかった。だけど、前野さんはもっとつらかったようだ。

でも、前野さんに「やめたい」と言われた時、驚きはしたけどショックだったかというと実はそうでもなくて、「そっかー」と、あまり重く受け止めずにいた。1クールは決まっているから絶対やらないといけない。だから、その間に説得できると思っていた。まぁ、私自身も収録がうまくいかずヘコんでいたのもあったけど。

その後も相方は、「自分がそこまでじゃなかったって気づいた」と話していた。仕事が大きくなればなるほどついていけなくなっているのは、私も同じ。「実力が伴っていないからこそ頑張ろう」という気持ちになるんじゃなくて、つらくてつらくてしょうがなく、自信を喪失してしまったみたいだった。

それでも私は、「まだスタートを切ったばかりや」と思っていた。今が思い描いていた世界なのではない。そこまで行くには、まだまだクリアしなければならない試練が山ほどある。やっと関東ローカルの深夜番組がひとつ決まっただけで、そこで結果を残してさらに芸の幅を広げていかなくちゃいけない。

「ここで終わったらなんともならん」

だから私は、やめようなんて全く思ってなかった。

東京での収録を何回か経験しても、ずっとストレスでしかなかった。わからないなりに必死でやっても、うまく立ち回れなかったり、動けなかったり、失敗の繰り返しだ。相方は私以上に、自分を信じてやることができなくて、心がすり減りまくって口数も減り、うつ状態になっていった。

そんな中いよいよ、番組の最終回の収録日がやってきた。遊園地ロケだったので、キラキラしたジェットコースターやメリーゴーラウンドの周りで、ふざけ続けた。

でも、ロケバスに乗ったとたん、涙がボロボロとあふれてきた。涙の理由は、番組が終わった悲しさじゃない。1クールの間に、前野さんを説得できなかったからだ。

前野さんは、どんなに説得しても、

「もう無理」

とかたくなだった。

この日は番組の最終回であり、西中サーキットにとっての最終回でもあることを知っているのは私たちだけだった。ロケバスの中では、2人一緒に泣いた。大好きな人と別れる失恋ってこんな感じなんかな？　こんなにも長い時間一緒にいた人が急にいなくなっちゃうのは、初めての経験だった。

大阪に帰った後も、相方がやめてしまったことがつらすぎて、バイトのビラ配りをしている時に勝手に涙があふれ出たりした。

もし、相方が3回目のオーディションの予約を取ってこなかったら。

もし、相方の言う通りにシュールなショートコントをしていなかったら。

もし、あの時ウケていなかったら。

もし、……。

芸人になるきっかけをくれた人が、そばにいなくなってしまった。

保育園時代は好きな人を追いかけ回していたのに、心が折れた相方を追いかけ回すことは、できなかった。

ピンでダダ滑りの毎日

ストーカーしていたA君に振られ、その次は相方に振られるとは思ってもみなかった。でも、私はA君との失恋の経験を無駄にしていない。

「次行こう」

私は気持ちを切り替えることを学んでいた。開き直ってネタをやって初めてウケたあの日から、徐々にお笑いに本気になって、私はもう上を目指すことしか考えられなくなっていたのだ。

周りからは、「次行こう」と考えているようには見えなかったと思う。静かなる炎を心の中で燃やしていたけど、表面的にはテンションは低いままだったので、ここでも私のやる気を理解している人はいなかっただろう。

とりあえず、Ｒ－１に向けたイベントがあったので、ひとりで出てみた。

結果、ダダ滑った。

「……やっぱ相方が必要だ。コンビ組もう！」

そう思って、新しい相方を探し始めた。切り替えが早いのはもはや私の長所だ。

相方を探している最中、当時のキングコングのマネージャーさんから「男と組むのもありやで」というアドバイスをもらったので、ある男性に目星をつけた。

彼は、ルックスが良くて、小柄で、むちゃくちゃ挙動不審な、二宮くんという男。私とは逆のタイプで、どことなく元相方に感じが似ていた。そういう人が自分には合うと思っていたから、タイミングを見てコンビに誘ってみると、ＯＫの返事。２人の名字を組み合わせて、「山崎二宮」というひねりのないコンビ名になった。ネタを書いている私が大喜利的にボケて、相方がワーッとツッコむという漫才をやって、インディーズライブにちょっと出たりした。

新しいコンビを組んだものの、少し売れかけていた西中サーキットを解散してしまったことに私は焦っていた。

この頃、同じ劇場でずっと一緒にやっていた先輩の麒麟さんが、M－1で決勝に進出し、一躍有名になった。今ではテレビで引っ張りだこの麒麟さんだけど、2001年頃は東京ではほぼ無名で、ノーマークで決勝まで進出。その後も決勝常連組となった。

「M－1ってこんなに夢あるんか」

身近な先輩が成功していくのをテレビで見ていて、憧れと嫉妬を感じた。麒麟さんがこんなに有名になって、一方の私は、頑張りたいけど自分の道がいまいち定まっていない。気持だけが焦る。何か新しいことを始めなければ……。

マイペースでのんびり屋の私が焦るなんて！　こんなことは、一生のうちでこの時ぐらいや。ただし、私が焦っていることに気づいた人はいなかったかもしれない。

山ちゃんは突然やってきた

皆さんは、山里亮太という男に対してどんなイメージをお持ちだろうか？

嫉妬心が強い。とがっている。陰で同期や先輩の悪口を言っている。野心がすごい。ギラギラしている。劣等感をガソリンに変えている。自分をバカにした人の後ろ姿に向かって黒魔術をかけて、その人を不快な気持ちにすることに全力を注いでいる。

はい、全部その通りです。

でも、出会った頃の私は、それを見抜けていなかった。どんだけ節穴なんやと思うけど、「ソフトで穏やかで人当たりがよさそうな人」という印象だったのだ。本性と真逆やん（笑）。

駆け出しの頃の山ちゃんは、西中サーキットと同じで、オーディションでも決勝に残る常連だった。同じ楽屋にいても特に言葉を交わすこともなく挨拶をする程度の関係。稽古で若手の芸人が何組か一緒になった時も、山ちゃんは真っ先に帰っていた。

今考えると、山ちゃんはダラダラやってる芸人が嫌で、その時間をネタ作りやお笑いのことに費やしたかったのかもしれない。

私が山崎二宮を結成した頃、山ちゃんの当時のコンビ・足軽エンペラーが解散したと小耳に挟んだ。当時はまさか山ちゃんとコンビを組むと思っていなかったので、「あ、解散するんや」程度に思っていた。山ちゃんはそのあと一瞬だけ「イタリア人」という謎の芸名でピン芸人として活動するのだけど、それも「へぇ〜」くらいに思って見ていた。つまり、特に興味がなかったのだ。

そんな山ちゃんに、ある日ケーキバイキングに誘われた。山ちゃんと私の共通の知り合いの女芸人から、『しずちゃんをケーキバイキングに誘って』って、山ちゃんに言われてるんだけど」と声を掛けられたのだ。

「？？？」

謎すぎる。決して注目していたわけではないけど「才能ありそうやな」と思っていた山ちゃんが、なぜ私とケーキを食べたがっているのか。

「まさか……告白？」と思いつつ、「ケーキがいっぱい食べられるな～」とか、「制限時間内にどれぐらい食べられるやろ？」という期待だけを胸に、お店に向かった。

運命のケーキバイキング

山ちゃんの著書『天才はあきらめた』（朝日文庫）を読んだ人は、もう知っているだろう。このケーキバイキングで、私は南海キャンディーズに誘われる。コンビ結成を語る上で外せない大事な日だ。

しかし、正直言って、私はこの時のことをあまり覚えていない。目の前のケーキに夢中で、バイキングの制限時間のことと、山ちゃんから告白されるのではないかということを、同時に気にしていたからだ。

――とにかくしずちゃんの情報を集めた。好きなお笑い、好きな漫画、好きな番組、それらを全てチェックして、情報を頭の中に叩きこんだ。それをどう使うか？　次に会えたときに自然と話題に出す。向こうがそれを好きだということは知らないていで話す。

それによって、僕のことを「お笑いセンスが合う人」と思い込ませる。——（同書より）

そんなことしてたん⁉

山ちゃんはこの時、コンビが組める手ごたえを感じていたみたいだけど、何を話したか、あんまり記憶にない。覚えているのは、ケーキをたくさん食べたことと、「鼻の下にめっちゃ汗をかく人やなぁ」と思ったことだけだ……。

ケーキでおなかが満たされつつ、他愛のない雑談を終えたつもりだった私は、幸せな気分で店を出た。

そして、駅まで歩いている途中に、山ちゃんから突然、こう言われた。

「コンビ、組みませんか」

私は戸惑いもうれしさも特になく、もちろん芸人らしいリアクションを取ることもなかった。

「そういうことなんや」

とだけ思った。「告白もしてこないし何なん？」と思っていたが、山ちゃんから誘われた意味をこの時にようやく理解したのだ。まぁ、そんな大事な話をケーキバイキングでする理由は理解しがたいけど……。

そういえば、ケーキを頬張っている最中に、東京進出をやたら止められた気がする。「山崎二宮」のコンビで東京に行こうと思っていることを話すと、山ちゃんはこう言った。

「どこまで戦略を練ってるの？」

「東京は今、『若手を使わない』って番組のプロデューサー全員が言ってる」

「やめたほうがいいんじゃない？」

私は、「あー、そうかもしれんなぁ」と素直に聞き入れていたし、山ちゃんは私たちコンビのことを心配して言ってくれていると思い込んでいた。

しかし！　本当は、私とコンビを組むための戦略だったのだ。当時の私はまだ山ちゃんの本性を知らないから、微塵も疑うことなく、助言に感謝すらしていたけど、今思えば山ちゃんも売れていないから番組プロデューサーとつながってるわけがない。

別れ際には、ネタの台本を渡された。「もし2人でやるんだったら、こんなの」と、私を想定して書いてきてくれたのだ。なんか、暑苦しいほどの熱意を感じた。

しかし、台本を一目見て、驚愕。

「字、きたなっ！」

読む気がうせるぐらい汚い字で書かれていて、「ネタが面白い」という印象を抱くまでに至らなかった。熱意はわかるけど、とにかく字が汚い。

「わかったぁ」

とだけ言って、返事は持ち帰った。南海キャンディーズの運命の日は、こうやってぼやぼやしたまま幕を閉じた。

南海キャンディーズ、結成！

コンビの結成秘話は、ドラマチックなものが多い。例えば千鳥さんは、大悟さんがノブさんに「大阪でピン芸人として売れたから一緒に漫才やったら売れる」と嘘をついて誘ったそうだ。熱意の裏返しで嘘をついた大悟さんも、それを信じて会社に辞表を出したというノブさんも、なんだか2人らしい、いいエピソードだ。

一方で、山ちゃんに誘われた時の、私の気持ちはこうだった。

「イヤな気はしない」

「やってみてもいいかな」

つまり、心はほとんど動かなかった。山ちゃんがあんなに熱心に説得してくれたにもかかわらず、だ。

それでも、「誘いに乗ってみよう」という答えはすぐに出ていた。

友人に少し相談はしたものの、私は山ちゃんに賭けてみると決めていた。

なぜなら山崎二宮も男女コンビだけど、西中サーキットの時とやっていることがあまり変わらなかった。せっかく男女でやっているのに、それを生かしきれていないし、相手の色も出ていない。

そう悩んでいる時に現れたのが、赤い眼鏡におかっぱ姿の男・山ちゃんだったのだ。


それに、今までの相方は、私と違って小さくてルックスが良い人だった。

一方で山ちゃんは……言わずもがな。

「女性からの支持を得られるだろうか」

一抹の不安がよぎったけど、確実にこれまでと違うことができると思った。かといって、売れる保証なんてどこにもない。当時の山ちゃんはボケだったので、私とボケ同士で成立するかわからなかったし、「これで絶対いけるわ」なんて思えなかった。だけど、直感的に「なんか面白そう」と感じた。

私はこう見えて好奇心が強いほうだから、迷った時は後先考えず「面白そうやな」と思ったほうにパッと手を伸ばすようにしているのだ。

山ちゃんに、ＯＫの返事をメールで送った。内容はあまり覚えていない。メールなので、山ちゃんが喜んでいたのかどうかもわからないけど、とにかく一歩前に進んだ気はした。

その後、相方の二宮君にコンビ解散を告げた。先輩たちとルームシェアをしている二宮君の家に行き、「コンビを組んでみたい人ができた」と伝え、素直に「ごめん」と謝った。

突然の知らせに二宮君は困惑していたけど、私はもう山ちゃんとコンビを組むと決めていたので、彼の話は一切聞かなかった。

「相手は誰なん？」

二宮君に聞かれて、山ちゃんだと答えた。それを聞いた二宮君は、コンビを諦めたように無言になった。「そこには勝たれへんな」と思っているようにも見えた。

こうして、山崎二宮は解散し、南海キャンディーズを結成したのだ。

もうひとつ、山ちゃんの本を読んで驚いたことがある。

――相方さん（二宮君）への解散理由としては、しずちゃんから僕に声をかけたことにしてもらった。相方さんは仲良しの先輩が多いので、その人たちに怒られないようにしたのだ。余談だが、この秘密は僕がこういう形で言うまでしずちゃんはずっと黙っていてくれた。――

これ、美談にしてくれているけど、実際は「そんならそうしようかぁ」ぐらいの軽い気持ちで山ちゃんの提案に乗ってみただけで、黙っていたというか、忘れていた。

今だったら「私から誘ったことにするなんて、山ちゃんは悪者になりたくないんだな」と眼鏡の奥に潜む悪そうな目に感づきそうだけど、当時はまだ山ちゃんの本性を知らない。

南海キャンディーズの初舞台のザワザワ

山ちゃんに「絶対いける」と言われて組んだ南海キャンディーズ。baseよしもとでの初舞台のお客さんの反応は、予想外のものだった。ウケるでもスベるでもなく、ただザワザワしていたのだ。

最初にやったのは、ファッションショーのネタで、山ちゃんが司会、私がモデル。この時はまだ、ダブルボケのスタイルだった。

「それでは、トップモデルSHIZUYOの登場!」

山ちゃんが叫び、私がモデル歩きをする。ザワザワとする会場。何を言っても、どんな動きをしても、なんだかザワザワしている……。とめどなく流れる冷や汗滝のごとし。

ザワザワした理由は、「えっ、この2人が一緒にやるの?」という驚きのせいだった。お客さんはbaseよしもとの常連の若者ばかりで、私たちのキャリアを知っているのだ。

だから、「この環境じゃ、ウケなくても仕方ない」と自分を慰めた。ところが……。

2回目のライブ。「……」

3回目のライブ。「………」

4回目のライブ。「…………」

嫌気が差し始めた結成3カ月後、ネタはウケないし、山ちゃんに対する不満も少しずつたまってきていた。

「やっぱりあかんな」

「もう山ちゃんとはやれない」

このコンビにまだ思い入れはない。だから、サクッと伝えることができた。すると山ちゃんはこう言った。

「もうちょっと待って、3カ月以内に結果出すから」

「なんやねんその自信は」と言いかけたけど、その気持ちをグッとのみ込んでコンビを続けてみた。

私は、お笑いの世界に入ってからずっと自分でネタを書いていた。しかし、それまであまり結果が出せていなかったのもあって、ネタを書くことに対して勝手に限界を感じていた。だから、人が書いたネタで漫才をするのは初めてだった。山ちゃんがネタを書いてくれるのはありがたくもあり、ひとまず山ちゃんの方針に全部合わせることにしたのだ。

すると、本当に3カ月以内にウケるようになった。

理由は、ダブルボケをやめて、私がボケ、山ちゃんがツッコミになったからだ。山ちゃんはダブルボケを成立させようと意地を張っていたけど、全然うまくいかなかった。試行錯誤の最中、ネタ以外の場面では山ちゃんがツッコミのポジションにいることが多いと気づき、漫才でのポジションもツッコミに切り替えたのだ。

「やっと気づいてくれたか」

山ちゃんは試行錯誤しながらツッコミにたどり着いたのだと思うけど、私は最初からツッコんでほしいと思っていたのだ（笑）。

南海キャンディーズは、独特のツッコミ方をする。私のボケに対し、山ちゃんの「だめだ、俺こんな状況生まれて初めてだ」「皆さん、その怒りのこぶしは日本の政治にぶつけてください」などのフレーズがツッコミになっている。当時の私は、「なんでやねん！」「アホか！」などの言葉で、バシッとツッコんでほしいと思っていた。でも、山ちゃんは自分で笑いを取りたい人。だから、ツッコミで笑いが起こる南海キャンディーズの独特の漫才が生まれた。

売れるにはアイドル的な人気が必要？

「女性からの支持を得られるだろうか……」

山ちゃんとコンビを組んだ時によぎった不安は、すぐに的中した。

徐々に客前でウケるようになってきた南海キャンディーズは、オーディションも合格の常連組になり、出られる舞台も増えていった。

一方で、当時のｂａｓｅよしもとはアイドル的なかっこいい芸人に人気が集まりがちで、「男女コンビは人気が出るわけない」という雰囲気もあった（その後、千鳥さんや笑い飯さんなど、男ウケする芸人が表に出るようになると、また劇場の雰囲気が変わってくるんだけど）。

そこそこウケるようになったのに、なんだか人気が出ない……やっぱりアイドル的な人気がないとダメなのだろうか。

そんな中で、抜群にウケている女芸人がいた。友近さんだ。

家から持ってきた扇風機を小道具として使うなど、とにかく芸達者でアイデアも斬新だった。東京で仕事をしたり、タレントさんとご飯に行ったりした話を聞くと、「すごいなぁ、別世界やなぁ」と憧れながらも、嫉妬していた。「嫉妬している」と本人にずばり言ったこともある。

友近さんがバッファロー吾郎さんのライブに出ていた時、印象に残っている出来事がある。ネタを作るのに苦しんでいたらしくて、「もうこれ以上無理やわ」と、珍しく弱音を吐いていたのだ。苦しんでいるのは私たちだけではなく、友近さんのような天才でも頭を悩ませていることを知った。

南海キャンディーズももっと頑張らなければ、追いつくどころか、どんどん引き離されていくと実感した。

友近さんのように、本当に面白ければ人気は出る。でも、次の一歩をどう踏み出したらいいか、具体的に考えだすとわからなくなる。
頑張り方がわからない。しかしずっと、頭から離れないことがあった。

M－1グランプリの決勝だ。

同じ劇場で一緒にやってきた麒麟さんが、いつのまにかM－1の決勝常連組になり、笑い飯さんの大活躍を敗者復活の会場で見ていたので、その面白さと、お客さんと一体になって生まれる熱に愕然とした。かっこいいし、夢がある。近いけど、遠い。でも、「絶対にあの舞台に立ちたい！」と心底思った。
M－1の決勝を目指すしかない。アイドル的な人気がない私たちは、M－1の決勝に行くための蜘蛛の糸をつかむしか、売れる方法はないのだ！

弾き語り路上ライブ開催!!

最近はテレビで芸人さんがよく話しているから、M－1に向けた準備について、知っている人も多いだろう。鉄板ネタを何度も舞台でやって、マイナーチェンジしながら、ウケが弱いところを減らしたり、ボケやツッコミを追加したりするのだ。

しかしその頃私は……この準備のほかに、ギター片手に弾き語り路上ライブをしていた。

なぜかって？

それは、芸人らしい大きな声が出せるようになりたかったから。ぼそぼそしゃべるのが私の個性ではあるけれど、当時は「大きい声も出せたほうが良さそうやな」と思っていたのだ。

だから、冗談みたいだけど、むちゃくちゃ真剣に考えて、道ゆく知らない人に向けて歌を歌った。

「上をむ〜ぅ〜いて♪ 歩こぉうぉうぉう♪」

東通り商店街で、ぼそぼそとエンドレスで繰り返される坂本九の『上を向いて歩こう』を、下を向きながら歌っていた。

そんな時間があるならネタを仕上げたら？ と思われるかもしれない。でもこの時はろくに仕事がないから、Ｍ－１のために費やす時間が山ほどあった。

ギターは友達の女の子に教えてもらっていて、その子も路上ライブに来てくれた。この頃はよくバーでネタを披露していて、そこで知り合った子だった。

「涙が〜♪ こぼれないようぉうぉうぉに♪」

私の静かな歌声に合わせて、そっと左右に揺れる友達。今考えるとこれが発声練習になっているはずがない。足を止めるのは野良猫くらいだった。それでも、とにかく何かしなくちゃと必死だったのだ。

こんなことを3カ月間続けたある日。私はようやく気づいた。

「声、出るようにならんな」

だからといって、シャウトのある曲に変更はできない。だって、『上を向いて歩こう』しか弾けないのだから。

この弾き語り路上ライブを経験して、私にはひとつ言えることがある。それは、無駄な努力はある、ということだ。でも、もうひとつ言えることがある。それは、やってみなきゃわかんないということ。

私がぼそぼそ声しか出せないことは、この時に気づいたわ。

M－1決勝進出は山ちゃんの面倒な性格のおかげ⁉

Ｍ－１に向けてネタを仕上げていく最中に、山ちゃんの面倒な性格があらわになった。ネタをマイナーチェンジしていくのは、地道で過酷な作業だ。その中でも山ちゃんは、誰にもわからないようなマイナーチェンジをして、ネタを突き詰めていった。

「体の向きはこの角度」

「ここの間合いは０・２秒のばして」

ニュアンスではなく、一つひとつ、一言一句、きっちりと詰めていく。

「これ、さっきと一緒ちゃうん？」

そう思うこともあったけど、山ちゃんは微妙な違いも許してくれない。今ならボクシングで磨き上げたストレートをお見舞いしているかもしれない。納得できない時もあったけど、Ｍ－１に全力を尽くすことに集中した。

猛稽古のかいあって順調に予選を通過し、ついに準決勝までたどり着いた。ここが一番難しい。準決勝に上がってくる人は、全員面白い。その中で、大爆笑を生み続けなければさらに上には行けない。

準決勝でも、それまで何度もやってきた医者のネタをやった。笑いは十分に取れた。結果は後日となり、その日はひとまず帰宅した。

数日後、結果発表の日。

めちゃくちゃうれしかったのは覚えている。

ただこの日のことを、実はあまり覚えていない。私は大事な出来事をいつも忘れてしまっているようだ……。だからいつも新鮮な気持ちでチャレンジできている気もするし、ただただ忘れっぽいだけの可能性も高い。たぶん当時の関係性なら、山ちゃんと仲良く喜びを分かち合っていたのだと思う。

決勝進出が決まった喜びと同時に、少しホッとしたこともあった。2004年は、松本人志さんと島田紳助さんが審査員席にいない年だったのだ。少し残念な気持ちがあった一方で、あの2人がいらっしゃったら、もっとガチガチに緊張していたに違いない。

南海キャンディーズを結成してからは、山ちゃんが持つ嫉妬心に驚いてばかりだった。山ちゃんは嫉妬をエネルギーにして突き進むタイプ。私も昔の同級生を見返したいという気持ちはあるけど、「みんな楽しそうにしやがって！」という程度の、漠然とした嫉妬だ。

当時は男前芸人をえこひいきする吉本社員の人もいたけれど、私は「そういう感じの人なんやな〜」と思うぐらいだった。でも山ちゃんは、「一生恨む！」くらいの勢いで、悔しさをエネルギーに変えていた。

妬《ねた》み嫉《そね》みのパワーがものすごいから、主導権は常に山ちゃんが握っていた。南海キャンディーズでは、山ちゃんについていく。そんな関係でうまくいくと、この時はまだ思っていた。

初体験！　ひとりの男との濃密な時間

……といっても、もちろん山ちゃんのことだ。

決勝までの間も相変わらず仕事が少なかったので、山ちゃんとひたすらネタ合わせをした。ひとりの男性とこんなに長い間過ごしたことはなかった。「なぜ山ちゃんと……」と運命を呪う余裕もなく、決戦の日、12月26日がやってきた。

決勝の楽屋では芸人同士で会話はするけれど、リラックスしている人は一人もいなかった。山ちゃんと私も、緊張であまり言葉を交わさなかった。

「南海キャンディーズ！」

オープニングで名前を呼ばれた時、山ちゃんはクールなキメ顔で投げキッスをし、私は両手と片足を上げてポーズを決めた。すると、笑いが起こった。つかみで笑いが起こるということは、受け入れられているということ。「今日のお客さんは、あったかく見てくださる人たちかも」と思って、こっちもやりやすくなる。

五輪金メダリストの吉田沙保里さんが、出順のくじを引いていく。4番目に名前を呼ばれた時、不安よりも「いくぞ‼」という気合が入った。名前を呼ばれて、出囃子とともに舞台に出た。

ネタ中は、頭が真っ白だった。「落ち着いてたね」とよく言われるけれど、実際は緊張で足はガクガク、顔は引きつっていたと思う。

でも、めちゃくちゃ稽古したネタだったから、体と口が勝手に動いていた。わけがわからないまま「火を怖がるサイ」を演じた。ウケだすとテンションが上がって、最高に気持ちよくなっていた。初めてウケたあの時とはまた違う、それまでに味わったことのない感覚で、アドレナリンがガンガンに出ていたと思う。

「これは売れたな～」

ネタが終わって、そう思った。639点を叩き出し、南海キャンディーズは決勝の決勝、最終決戦に残った。

1本目は確実にウケるネタをやったが、2本目は、これからテレビで使ってもらえるように、自分たちのキャラクターを前面に押し出すネタをやった。私はMCの井上和香さんにかみつき、山ちゃんは外見を自虐した。優勝を狙うより、とにかく爪痕を残すことが目標だった。

本当は、こういうネタは邪道だからやりたくなかった。もっと漫才師らしいネタをやりたかったけど、最速で売れるためには、このネタでよかったんだと思う。それは、その後のオファーが物語っていた。山ちゃんに出会って、初めて他人に自分をゆだねてみたら、新しい道が開けたのだ。

ネタが終わって、「優勝は無理やな」と妙に冷静に悟っていた。結果は、予想通り準優勝。優勝はアンタッチャブルさん。

「悔しい！」というよりも、「これで仕事が増えるだろう」という確実な手ごたえがあった。

そして実際に、寝る間もない生活が始まり、東京の仕事も増えた。

憧れていた生活が現実となった！　……はずだった。

山ちゃんは悪人なのか

どのコンビも、結果を出している時はうまくいく。南海キャンディーズも、Ｍ－１準優勝した時は、喜びを分かち合ったはずだった。

「ねっ、しずちゃん？」

これはＭ－１準優勝後、山ちゃんに言われてイラッとする言葉ナンバーワンだった。

南海キャンディーズに話を振られると、必ず山ちゃんがしゃべる。そして、うまくしゃべれずテンパって困った時には、この言葉で私に話を振ってきた。

「ねっ」って言われても、何がやねん！　山ちゃんが困ったからって雑なバトンを渡されても、私はうまく反応できない。

そう。私たちは結成して1年でM－1準優勝したので、下積みがない。すぐ売れたのはうれしいけど、実力がないのだ。

なのに、ほぼ休みがないぐらいスケジュールが埋まっている。朝からテレビの収録をして、夜から翌朝まで鈴木おさむさんの舞台の稽古。新幹線の移動時間で2時間寝られればいいほうだった。

番組でうまく立ち回れない。「ねっ、しずちゃん？」と話を雑に振られる。睡眠不足。新幹線でようやく寝られて、目を覚ますと、横には赤メガネの男。その繰り返し。全部が重なって、ストレスは限界突破していた。

そんな忙しい中、お正月に3日間だけ休みをもらうことができた。香港なら3日あれば行けるということで、友達を誘って海外旅行をすることにした。

久しぶりの休みで、ふだんはローテンションの私も、この時ばかりはテンション爆上がり。荷物を預けて、チェックインして、いよいよ飛行機に乗り込む。柄にもなく「イェ〜イ」という言葉が口から飛び出しそう。

しばらく携帯が見られなくなるのでメールをチェックすると、なんと山ちゃんから長文メールが届いていた。

そこには、こんなことが書いてあった。

「今、香港なんて行ってる場合じゃないよね？」

「今しずちゃんが遊んでる時間に、ほかの女芸人たちは何してると思う？」

私が香港に行くことは、マネージャーから聞いたらしい。昔、山ちゃんのことを「ソフトで穏やかで人当たりの良さそうな人」と思っていたのは何だったのか。この頃、山ちゃんの陰湿な部分が丸出しになりつつあった。

「あなたには絶望しました。信じられません。何やってるの……」

そして、その長文メールの最後にはこう書いてあった。

「エピソードを１００個作ってきて。それじゃないともうあなたとはやっていけません」

「そんなんできるか！」と思いつつ、旅行中もそのことが頭から離れない。楽しまないと一緒に来てくれた友達にも申し訳ない。それでも、割り切って楽しむことができない。イラッとするけど、心にズーンと引っかかる。

ここまで読んで、山ちゃんのことが嫌いになってしまっただろうか。フォローするために、当時のエピソードをもうひとつ話したいと思う。

南海キャンディーズがＭＣの冠番組『南海パラダイス！』（関西テレビ）も始まった。私は芸人のくせに人がわちゃわちゃしているところに入って話をするのが苦手だ。だけど、振ってくれれば話すことができる。私が一切しゃべらずに収録が終わってしまうかどうかは、本当はよくないけど、ＭＣの人にかかっているのだ。

だけど、それを知っていながら山ちゃんは私に話を振ってくれなかった。わざとそうしていたと知ったのは、当時を振り返れるほど仲良くなった最近だ。「そこまでして私をしゃべらせたくなかったんか！」と引いた。当時は、山ちゃんのいじわるに気づかずに、「私の力不足のせいや」と、ただただ落ち込んでいた。

あ、全然フォローになってなかったわ。でもそのぐらい、２人の関係はいいことがなかったのだ。

山ちゃんがとにかく憎い

当時のエピソードを知って、みなさんは山ちゃんのことが嫌いになってしまったかもしれない。その気持ち、わかるわ。だって私は、嫌いを通り越して憎かったんだから。

楽屋が一緒の時の会話はゼロ。空気はピーンと張り詰めている。なるべく同じ空気を吸いたくなかった。部屋の対角線上にお互いが座るという状態だった。着替えの時も、「着替えるからちょっと出てて」と言うこともなく、私が黙ってトイレに行った。

山ちゃんは、昔からストイックなのだ。そして、山ちゃんにとっては当たり前のストイックさを、私にも押し付ける。当然同じようにはできないし、山ちゃんと同じような生活は送れない。だから、山ちゃんから見ると私は「怠けてる」となる。

旅行中に出された宿題は、１００個は無理だったけど、イラつきつつもいくつか考えていった。私は言われたことはやるものの、自分のペースでしかできない。この頃から私は山ちゃんに「私は私のペースでやる」と言うようになっていた。でも山ちゃんは「さぼりたいだけじゃん」と受け取っていたように思う。

私たちの仲の悪さは、群を抜いていた。「こいつこんなに嫌なやつなんですよ〜」とネタにできないレベル。テレビで山ちゃんのことなんか話したくない！　シャレにならないほどの不仲だった。


そして、さらに私たちを不仲にする出来事が起こる。2005年のM－1決勝戦最下位だ。最近は、ニューヨークやマヂカルラブリーが最下位を取ったことをネタにしているけれど、不仲な南海キャンディーズにとっては、ただどん底になっただけだった。

04年に準優勝した私たちは、05年の優勝候補と言われた。だけど、信じられないくらい忙しくなり、04年のようにM－1だけにすべてを注ぐことができない。当然、弾き語りをして発声練習する余裕もない。

それに、露出が多くなっていたから、初めて見た時のような「気持ち悪い赤メガネと巨大な女!?」という衝撃を与えることもできない。決勝に行けたのはありがたかったけど、正直、自信がなかった。

本番も、私の手足はブルブル震えた。震えがバレないようにするので必死だった。震えながらスベってる女……もう見てられん。

そして案の定、最下位。優勝はブラックマヨネーズさん。笑い飯さんが準優勝。私がM-1を意識したきっかけになった麒麟さんは3位。実力のある人は、毎年毎年、必ず結果を残す。

山ちゃんは、私以上に落ち込んでいた。

04年は自信満々だった山ちゃんが、この年は自信がなかった。だからきっと不安だったし、最下位という結果が出て打ちのめされたのだと思う。決勝の後も、誰とも話さずに即帰っていた。

「精神的にキツそうやな……」

山ちゃんのつらさには気づいていた。でも心配はしていなかった。だって、同情する余裕がないぐらい大っ嫌いだったから。

この距離が10年近く埋まらないままでいることを、当時の私に話しても驚かないと思う。逆に「将来、山ちゃんの恋のキューピッドになるで」と教えたら……驚くどころか、そもそも信じないやろな。

第三章

闘う女

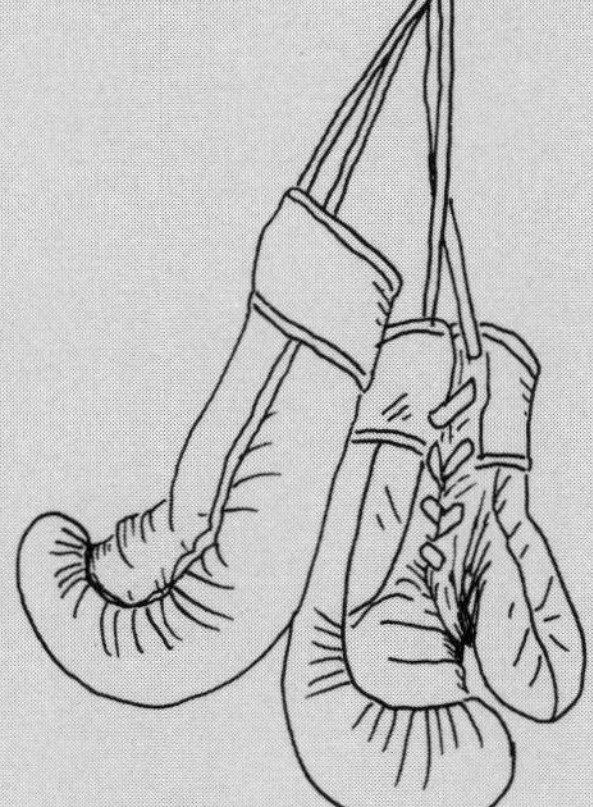

もしかして、芸人向いてない？

私は、「これぞ芸人」という仕事が向いていないいんじゃないかと思った時がある。

Ｍ－１で準優勝して仕事が増えていた時も、うまくいかない収録のほうが圧倒的に多く、最初は、「ここがうまくいかんかったな」「あれがあかんかった」と、一つひとつ反省して、納得するまで考えて、次にどうするか結論を出していた。

しかし、その一つひとつが積み重なっていき、ある時「芸人の仕事、何も向いてないいんちゃう？」と思ってしまったのだ。

でもそれに対しては、意外と落ち込まなかった。自分の方向性や将来のことをあまり考えていなかったからかな。その時々でやりたいことに身を任せていた。

そんな中で飛び込んできたのが、女優の仕事だった。

よく、「女優を始めたきっかけは？」と聞かれることがある。答えはシンプルで、「オファーをいただいたから」。これだけだ。芸人になって、自分から「女優をやりたい」と言ったことは一度もなかった。演技の経験も、芸人の舞台でちょっとしたお芝居をしたことがあるぐらいで、ほぼ未経験。

それでも、女優のオファーが来た時は、子どもの頃かわいいアイドルに憧れていた気持ちがふつふつとよみがえった。

「女優のオファーが来てるんだけど、どうし……」

「ぜひやらせてほしいです」

と、かなり食い気味に、しかしクールに返事をした。泰子さん主演の『フラガール』だ。あんなにヒットすると思わなかったから、オファーを引き受ける時には戸惑いも迷いもなく、「女優になれるなんて、むちゃくちゃうれしいわ〜」と喜びでいっぱいだった。

でも不思議と、「子どもの頃からの夢がかなった！」という気持ちにはならなかった。幼い頃のアイドルや女優への憧れって、自分の風貌を完全に無視したものだった。テレビに映るきれいな女優さんを見て漠然と「ああいうふうになりたい」と思っている感じ。

もちろん私はそんな女優になれるわけなくて、クセのある役をもらうことが多い。特に多いのが、モテない女、フラれる女……。子どもの頃に憧れていた女優像とは違うけれど、私の特徴を生かして、自分にしかできない役をどんどんやっていきたいなと今は思っている。

そんなわけで、女優への第一歩は、流れに身を任せてなんとなく踏み出したのだった。

「泣いて」と言われても泣けないよ

「しずちゃんの涙待ちの時間でーす」

この世に、こんな謎の時間があっていいのだろうか。

ちゃんとした演技の経験がないまま飛び込んだ『フラガール』の撮影。私の役は涙を流すシーンがあった。私の涙が出るまでみんなが待っている……そんなん待たれたら余計に涙なんて出ぇへんやん！

撮影現場で私は、一流の人たちに助けられることばかりだった。どうしても涙が出ない時、監督が私のところまで来て、役の気持ちを想像させるような言葉を耳元でささやいてくれた。池津祥子さんが、私が演じる『熊野小百合』のお父さんが亡くなったシーンで、手をぎゅっと握ってくれた。

岸部一徳さんが、私のために使われないシーンの演技をしてくれたこともあった。なぜなら、私の気持ちを作るため。必要なシーンの前から演じてもらうことで流れがわかり、私は自然と役に入ることができた。


作品の見どころでもあるダンスに関しては、周りとどんどん差がついているように感じてしまい、撮影が始まってからは「なんとか追いつかないと」という気持ちで、個人レッスンを受けさせてもらった。同じくダンスのソロパートがあった蒼井優ちゃんも個人レッスンを受けていて、練習場に先生と3人だけで練習しまくった思い出がある。

優ちゃんは、最終的にプロが見てもおかしくないレベルにまで仕上げないといけなかったので練習も大変そうだった。もともとバレエをしていたことも手伝って、どんどんうまくなっていく優ちゃんを見て、「やはりプロはすごい」と改めて思ったのを覚えている。

フラガールを演じた女優陣は、みんな仲が良かった。「これが青春ってやつ？」と思うぐらい、めちゃくちゃ練習した。ハードなダンスは足がパンパンになるから、本番は数回で決めなければいけない。そんな時も、みんなで顔を合わせて、声を掛け合って、スポーツみたいにチームワークを発揮した。

真っ赤だった。フラガールが首にかけているレイのように、あの時の思い出は、私の中では真っ赤なイメージだ。

お笑いは、面白いことが最も大事だ。筋が通ってなくても、力ずくでも笑いが取れたらそれでいい。

一方、女優の仕事には、正解がないことを知った。例えば「ありがとう」というセリフひとつ取っても、間の取り方や言い方は何万通りもあり、演じる役者に任される。ずっと「これでいいんかな？」と考え続ける仕事なのかもしれない。

フラガールで共演した優ちゃん、池津さん、監督とは、今でも年に1回は食事に行く仲だ。この4人が集まる会は、必ず私が主催している。

実は、撮影中は、私と優ちゃんはそこまで仲良くはなれていなかった。私は夜中に東京から福島まで車で行って、その間に2時間だけ睡眠を取る。朝の4時に福島に着き、5時から撮影の準備が始まる。だから、お芝居の「スタート！」から「カット！」以外の時間は一瞬で眠りに落ちていた。だから、仲良くなったのは撮影が終わってからだった。

そしてフラガールの会は、私から誘うのに、ほとんど話さない。招集をかけたくせに無言でニコニコしているだけなので、最初は3人とも「？？？」と思ったかもしれない……。私はみんながしゃべるのを聞いているのが好きなのだ。

ちなみに、『フラガール』の撮影期間中、山ちゃんとの思い出は特にない。山ちゃんの後の伴侶となる人と出会ってるのに、「ひたすら仲が悪かった」ということしか思い出せないのだ……。

芸人は、やめません！

しずちゃん、第30回日本アカデミー賞新人俳優賞受賞。

正直言って、この時まで日本アカデミー賞の授賞式を見たことがなかった。存在は知っていたけど意識したことはない。なのに、いきなり賞をもらってしまった。

実は、15年以上経った今でも実感がないままなのだ。２０１９年に蒼井優ちゃんが日本アカデミー賞授賞式の司会をしているのを見て、「私ってすごい人と共演して、えらい賞をもらったんやな……！」と感心したほどだ。

賞をもらえたのは、周りの人のおかげだ。スピーチでこう話す人が多いので「みんな謙虚やな～」と思うかもしれない。でも私はわかる。あれは間違いなく本心だ。だって、周りの人の助けがないと、心から泣いたり、感情を出したり、できないから。

私は今も、芸人よりもお芝居の仕事のほうが多い。自分から望んだわけじゃなくて、自然とそっちのオファーのほうが多くなったのだ。

お芝居の仕事を始めた頃は、稽古を1カ月やると言われると、「えぇ！　そんなにやるの⁉」と、正直言ってイヤだった。1カ月も何するの？　ちゃちゃっとできない？　芸人は稽古が嫌いな人も多くて、ささっとやって本番に臨むこともある。その感覚でいたのだ。

でも、稽古をつけてもらううちに、だんだん「時間足りないやん！」と焦ってくる。演技は奥が深くて、正解がないからだ。すみません、1カ月の間にやることめっちゃありました……。そんな面白さに気づいたから、もっと勉強したいと今は思ってる。

私は演技の仕事に夢中だ。それでも、私は芸人でいたい。お芝居だけをして、「私は芸人だ」と言えなくなるのは嫌なのだ。芸人の仕事は少なくても、そこに軸足を置かないと不安で怖くなる。漫才をやっていると精神的に安定する。芸人でいることは、私にとって家があるようなものだ。お芝居の仕事をいただけるのは、芸人「しずちゃん」があるからこそだ。

私はその時々で流れに身を任せるのが得意だけど、芸人でい続けることへのこだわりは、唯一かたくなかもしれない。

眠っていた闘争心がボクシングで目覚めた⁉

かめはめ波は出せない。

そう気づいてからも『ドラゴンボール』が大好きだし、強さに憧れがあった。大きい体でも、一応女として生きているから、人を殴る機会なんてまずない。だけど「グーで殴るってどういう感覚やろ?」という興味はあったので、「ボクシングを習ってみたいな」という思いをずっと抱えていた。

そんな時に、ロバートの山本博さんがボクシングジムに入っていると聞いて、そのジムへ見学にいった。そしてそのまま、入会することに決めた。

私は後にオリンピックを目指すことになる。だから、これを読んでいる皆さんは、この時私が入会したのは、本格的なジムだと思っているかもしれない。屈強な男たちが黙々と縄跳びや筋トレをし、サンドバッグを殴る。リングの上では、怖そうなコーチがミットを持っている、映画やドラマによく出てくるようなボクシングジム。

しかし実は、最初に入会したのはめっちゃ爽やかなジムだった。男の汗の匂いがするどころか、スラリとしたきれいな女性がフィットネスとしてボクシングを習いに来るようなところ。山本さんは本格的なコースに入っていたけど、私は趣味で通うコースに入会した。

グローブをつけて、ミットで右、左、と打つのが、ただただ楽しかった。スポーツジム感覚で通っていたから、「これできれいになってやる!」と、爽やかな汗を流していた。

この時はまだ、ボコボコに殴られて顔にあざができるようになるなんて、全く想像していなかった。結局、フィットネスとしてのボクシングを楽しんでいたのは、たった半年だった。


私がボクサーになったきっかけは、女優の仕事だ。『乙女のパンチ』(NHK)というドラマで、プロボクサーに一目ぼれしてボクシングを始める女性の役で、なんと私が主演だった。その役のリングネームは、ジャイアント乙女。なんか、私にぴったり。

その時、ボクシングシーンの指導役だったのが、のちに師匠となる梅津正彦さん。2カ月の撮影期間は、梅津さんがつきっきりで指導してくれた。撮影は順調で、梅津さんに対して

も「普通に優しい人やな」という印象を持っていた。

……私が以前、山ちゃんに対して「ソフトで穏やかで人当たりの良さそうな人」という第一印象を持ったことをここで思い出した読者の人は、鋭いです。その話はまた後ほど。

ドラマの撮影が終わって、「ボクシングって楽しい！」という気持ちがあふれていた。だから、今まで通りのボクシングジムに通いつつ、月に2回ほど梅津さんに指導してもらっていた。

指導してもらうようになり、しばらくたったある日、梅津さんが「こんなんあるよ」と私に声をかけた。お菓子でも勧めてくれたのかと思ったら、「こんなん」とは、ボクシングのライセンスのことだった。

「ただ練習するより目標を持ったほうがいいでしょ」

うん、確かにそうかもしれない。

「じゃあ目指してみます」

今思い返しても、流れに身を任せすぎである。けっこう軽い気持ちで、ライセンス取得を目指すことにした。ここから激動の人生になろうとは、全く想像していなかった。

やっぱり芸人引退⁉　オリンピックを目指す

それからライセンス取得のために、梅津さんの厳しい指導のもと、私は死ぬほど努力をした。……わけではなかった。

2カ月ほどボクシングの練習と、走り込みと筋トレをしたが、私の中では「めちゃくちゃヤバいぐらい自分を追い込んで苦労した」という感じはなかった。

もちろん、「取りたいです」「はいどうぞ」ですぐ取れるような資格ではないので、それなりにスタミナをつけて、最低限の動きができるようになって、無事に合格したのだが、梅津さんに「目標を持ったほうがいいでしょ」と言われた通り、あくまでもテストための勉強という感じで、練習をしてきた。

なのに、私がライセンスを取得した2009年に、こんなニュースが流れた。

――2012年のロンドンオリンピックで、女子ボクシングを正式種目として採用する。

オリンピックなんて考えたこともなかった。でも、ライセンスを取ったということは、試合に出られるということだ。

正直、私はボクシングを始めた時は、楽しいと思いつつ、頭の片隅で「そのうち飽きるやろ」と思っていた。好奇心はあるけど、途中で「もういいかな」となるのが私のいつものパターンだからだ。

だけど、梅津さんと出会って、ライセンスを取ったタイミングで、ボクシングがオリンピックの正式種目になった。どちらからというわけではなく、オリンピックを目指そうといつのまにか火がついていた。

オリンピックに出場するために、まずは日本オリンピック委員会の女子ボクシングの強化指定選手に選ばれなくてはならない。当然、練習量がどんどん増えた。その結果、仕事よりもボクシングの練習時間が増えていった。

ある日のスケジュールはこうだ。早朝は走り込み。午前中は高校や大学に出向いて、学生たちと練習。夕方にはジムに行って練習。いったん家に帰って、そのあと夜もまた練習。高校や大学の人たちには、最初は「しずちゃんだ」と物珍しく思われていたかもしれないけど、あまりにしょっちゅう私が来るので、「あれ？　もしかしてボクサーに転向？」と認識されていったようだった。

ボクシングを始めるきっかけとなった「グーで殴る感覚」も次第にわかってきた。きれいにストレートが入った時は、むちゃくちゃ気持ちいい。試合中は、殴ることへの抵抗がない。そして、人ってなかなか倒れないことも知った。何回殴っても、全然倒れないのだ。知りたくなかったけど、殴られる感覚も知った。「痛いのかな」と思っていたけどそんなもんじゃない。車に追突されたような衝撃。とんでもないものがドーン！　とぶつかってくる、事故のような感じだ。

そして当時は、ボクシングのことで頭がいっぱいで、練習以外の時間は「いかに疲れを取るか」しか考えていなかった。

漫才の舞台がある……よし、この時間で疲れが取れる！

テレビの収録がある……ラッキー、その隙に疲れを取ろう！

芸人になりたての頃はあんなにお笑いの仕事が欲しかったのに、この時の私にとっては体を休める時間になっていた。


そして、努力が実り、ライセンスを取った2年後に強化指定選手に選ばれた。

実は、オリンピックを目指していることは、私と梅津さんだけの秘密だった。だって、女芸人が突然、「オリンピックを目指します！」と言ったところで、バカにされるどころか、誰も信じない。まともに聞いてくれる人なんていないるわけない。

だから、オリンピックを目指すことは誰にも言っていなかった。山ちゃんもニュースで知ったはずだ。

山ちゃんはずっと、私がボクシングをやることに反対していた。私が顔を腫らして現場に現れた時には、般若のような形相になっていた。

けれど、のちにボクシングは、南海キャンディーズを救うことになる。

山ちゃんのストイックさに懲りていたはずなのに、また私は厳しい男のそばにいる。そう、梅津さんだ。懲りない女だと思われるかもしれないけど、もう、そういう運命なのかもしれない……。

山ちゃんよりも厳しい男・梅津正彦

オリンピックを目指すと決めてから、梅津さんは厳しくなった。練習しすぎて、周りの人には「絶対に1週間に1回は休んだほうがいい」と言われていたけれど、梅津さんは「1日も休まず練習しろ」と言った。そして私は、梅津さんを信じて、疲れたままでも1日も休まずに練習していた。もしかして、山ちゃんよりも厳しいかもしれない。

こんなこともあった。

合同練習で大学に行った時、私のドキュメントを撮ってくれていたカメラマンと、梅津さんがついてきた日があった。その日、私は男の人と試合をして、レベルが違いすぎてめちゃくちゃにやられて、泣くほど悔しがっていた。

帰りのタクシーでカメラを回されて、私は「もっと頑張りたいと思います」と話した。そしたら、次の瞬間、

「しずはそんなに甘い人間だったのか、見損なったわ」

と梅津さんが怒った。「甘いって何が⁉」とショックを受けたが、梅津さんとしては、悔しかったらそんな言葉は出ないと思っていたようだ。「絶対に勝つ」ぐらい言ってほしかったのだろう。

こういうことはよくあった。私がマスコミに注目されだすと、試合の後にはインタビューが入った。負けが多かったのでだいたい泣きながらインタビューを受けていたけれど、梅津さんからすると「そんなにすらすら答えられるか？　泣いてるわりに、悔しがってないんじゃないか？」と怒られた。梅津さんは「ちょっとカメラ止めてください」と言うぐらいの気迫が欲しかったのかもしれない。

何をしても「甘い」と怒られる。旅行中にエピソードを１００個考えてこいと言われるのと、どちらがつらいか天秤にかけると……あぁ、考えたくない。どちらもつらい。

あまりにも梅津さんに怒られすぎて、私はだんだんと梅津さんの声を聞くだけで過呼吸を起こすようになっていた。ジャカルタに練習に行った時なんて、スパーリング中に過呼吸を起こして救急車で運ばれた。

ちがうんだよ！
何やってんだよ！
見損なったぞ
しずｯ!!

そんなに怖い人と一緒にいて、嫌じゃなかったのか？　うん、そりゃ当然、憎いと感じることもあった。私が憎いと感じた2人目の男だ。普通なら、梅津さんぐらい厳しくてよく怒るような人とは、関わりたくないだろう。

でも、梅津さんはどこかに愛情を感じるのだ。怒り方に問題はあるとしても、「なんでも本気で言ってくれていて、本気で私をオリンピックに連れていこうとしている」というのがわかる。だから、この人についていけば間違いないと思えるし、「逃げるもんか」「絶対に食らいつくぞ」と心が燃える。

説明してもわかってもらえないかもしれないけど、怖いながらも梅津さんをとても信頼していたのだ。

ストイックな山ちゃんと、厳しい梅津さん。ずいぶん極端な男とばっかり一緒にいる人生やな。

ウケた＝効かせた

劇場でウケた時と似てる！

少しずつ試合に出るようになり、応援してくれる人が増えてくる。すると、クリーンヒットを当てた時に、会場がワーッと沸く。これが漫才でウケた時の感覚と似ていて、むちゃくちゃ気持ちいい。「今の効いてるんやな」というのを会場の湧きで感じるのだ。

M－1準優勝後はお笑いでうまくいかないことも多かったけど、ウケている感覚を、ボクシングで味わっていた。「それはお笑いで味わえよ！」と思われるかもしれないけど……当時はとにかくボクシングに夢中だったのだ。

オリンピックを目指している時、梅津さんの足の付け根にしこりができた。そのうち治るやろと思っていたら、どんどん大きくなっていく。

梅津さんは「まぁ大丈夫」なんて言っていたけれど、周りから「早く病院に行ってください!!」と言われ続け、ようやく病院に行った。

そしたら、がんだった。

当時、私の周りにはがんになった人がいなかったので、がんがどれだけ怖いか、進行が早いか、知らなかった。ショックではあったけど、まさか命が危ないなんてことは、この時は考えもしなかった。「切ればなんとかなるやろ」と、楽観的に考えていたのだ。

一方で私はオリンピックを目指すにあたり、毎日ノートをつけ始めた。1日の最初に、今日の練習の目標を書く。次に、練習内容を書く。練習後には、その日できたことと、できなかったことを振り返って書く。そして、梅津さんに言われたことや、自分で感じたことを書いた。

ある日のノートには、こう書いてある。

「南海キャンディーズのしずちゃんじゃないです。リングでは別チャンネルにならないと、世界のトップレベルには行けないよ」

「どんくさい自分を認め、どんくさい自分がどうすれば速く動けるか、相手に勝てるか、負けないか、考え続ける」

久しぶりに見返すと、かなりストイック……。この時の私のボクシングに対するストイックさは、もしかしたら山ちゃんを超えていたかもしれない。

さらに、苦手だったコツコツ続ける地味な練習も、歯を食いしばってやった。ひたすら足のステップの練習をしたり、1日何千回もジャブを打ち続けたり。習得できるまでは、とにかく数をこなすしかない。

強い選手のスパーリングの動画もたくさん見た。

「世界ランカーの試合ってレベルが違いすぎるわ」

そう感じることも多々ある。しかし、強い選手になったイメージを持つことが大事なのだ。私は試合やスパーリングの時、練習を全部忘れて気持ち優先で殴りにいきがちだった。背の高さを生かして戦えばいいのに、いつもインファイトになり、最後にはぐちゃぐちゃになってしまう。練習を生かして、きれいに戦いたい。動画を見てモチベーションを高めていった。

1週間ほどの強化合宿にも何度か参加した。一番つらかったのは、朝一番のダッシュ。朝6時に起きて、600mを連続で5本、全速力で走り続ける。練習は毎日これから始まった。

この頃梅津さんは、私に向かって「芸能人扱いに慣れるな」とよく言っていた。練習前と練習後には、ボクシング道場に雑巾をかけてきれいにしなければいけない。梅津さんの「しずも、いちボクサーとしてやれ」という教えの下、みんなに混ざって必死で雑巾をかけた。

これを読んでいる皆さんは今、私が芸人だということを忘れつつありますよね……？　もうしばらく「ボクシングの山崎選手」にお付き合いください。

芸能人が競技としてボクシングをするということに、最初は日本ボクシング連盟の人たちから厳しいお言葉もあったらしい。でも、当時連盟の会長になったばかりの山根明前会長が「ボクシング界にも新しい風を」という一言をくれたおかげで、競技者としての私を受け入れてもらえた。

山根前会長については、いろいろな評判があると思うけど、あくまで私がお会いしてお話しした限りでは、ボクシングを本当に愛している人だと感じた。芸人の私が本気でボクシングをやっていることがわかると、ボクシング界に受け入れてくれた、懐の深い人でもあった。

「ボクシングを盛り上げよう！」

山根前会長とは、いつもそんな話をしていた。

努力は必ずしも報われない

1分56秒。

これは、私の夢が散るまでの時間だ。

梅津さんの厳しい練習を受け続け、いよいよ全日本選手権を迎えた。ロンドンオリンピックに出場するためには、ここで勝って日本代表にならないと始まらない。

戦う選手は、前情報によると、運動神経がよくてパワーもあるらしい。そう聞いて不安になったけど、絶対勝つつもりでいた。

梅津さんはプロボクシングのトレーナーなので、アマチュアの試合のセコンドにはつけない。それでも、試合中は梅津さんの声が聞こえた。

「足！　足〜！」

頑張れ、なんて言ってくれない。遠くから叫ぶことしかできないから、複雑なアドバイスは無理だ。でも、私が足への意識が足りてないことを指摘してくれる。試合中、冷静に梅津さんの声を拾う。

そして、26対11で、なんとか判定勝ちをつかむことができた。私は真っ先に梅津さんのところに駆け寄った。

「いい薬になるわ」

そう言って頭をなでてくれた。

こんな時ぐらい、「おめでとう」とか「よくやった」って言ってくれたらええやん。それでも、この言い方が梅津さんらしい。冗談でなく本当に、私の勝利ががんのいい薬になればいい。そんな思いで、ロンドンオリンピックを目指していった。

全日本選手権での勝利を切符にして、3カ月後には女子ボクシング世界選手権大会に出場した。これは、ロンドンオリンピック出場の内定が決まる大会。つまり、勝てばオリンピック出場、負ければオリンピックには出場できない。

初戦は、ウズベキスタンの選手との試合だった。いくら当ててもダウンが取れない。やっぱり人ってなかなか倒れないもんやな。審査の仕方がおかしい気もしたけど、殴り続けるしかない。なかなかダウンを取ってくれへん。それでもなんとか粘って、3ラウンド目でダウンを取って勝利した。

私も梅津さんも、むちゃくちゃ喜んだ。あんなにうれしいことは今までないってぐらい、大喜びだった。それまでの辛い練習も、涙も、痛みも、全部このためにあったんだ！　それまでの人生を振り返って、すべてに感謝したいぐらい喜んだ。

そして翌日は、ドイツのサウスポーの選手との試合。サウスポーの選手は苦手だけど、今日は絶対勝つ。

カーンとゴングが鳴る。世界選手権の会場は広いから、遠くて梅津さんの声を聞くことができない。今まで梅津さんから受けた指導を思い出しながら、とにかく目の前の選手に集中する。それでも、押される。インターバルになれば梅津さんの声を聞くことができる。それまで耐えたい。でも……。

1分56秒。

あっという間だった。前日なかなかダウンを取らなかった審判が、すぐにダウンを取った。

そして、1ラウンド目であっさりと終わった。

え、もう、終わったん?

戦った選手と、明らかな差があったわけではなかった。これは勝てた試合だった。

悔しい。梅津さんも私以上に悔しがっていた。昨日が人生で一番うれしい日で、今日は人生で一番悔しい日。2日間で、気持ちの頂点とどん底を味わった。

こうして、私の夢はあっという間に敗れた。

人が戦う理由ってなんだ?

「すっっごい平和やな〜」

夢敗れて抜け殻になり、やることがなくなった私は、空を見てこう思った。世界選手権から帰ってきて、ぼんやりとした毎日を送っていたのだ。

「これから何をして生きていけばいいんだろう」

ずっとオリンピックのことだけを考えていたから、どう過ごしていいかわからなかった。何となく、日課になっていたランニングをするために公園に行っていた。

今の私の中は空っぽだ。喪失感や寂しさを、胸いっぱいに感じていた。毎日戦場にいるような気分だったから、空を見て「平和やな〜」と感じた。公園を散歩する親子を眺めながら、「時間ってこんなにゆっくり穏やかに流れてるんや〜」と思った。いい天気の日はベンチに座ってぼ〜っと過ごし、「普通に生きていたら、誰も殴ってこないんや〜」と気づいた(いや当たり前か)。

こういうことを感じる余裕が、それまでなかったのだ。目標が断たれた結果、世界の見え方が変わった。

ロンドンオリンピック出場がかなわなかったけれど、1カ月以内に現役続行を決めた。早い決断に見えた人もいるかもしれないが、私の中では、しばらく「平和やな〜」と思いながら、頭の中を整理していたのだ。

ロンドンオリンピックは、病室で見た。痛めていた膝の手術をしたからだ。ボクシングをやめたら楽になれる。なのに私はなぜか、ボクシングを続けられるように膝の手術をしていた。私はボクシングが好き。ロンドンオリンピックを、「挑戦した記念」にしたくない。そんなんでやってきたわけじゃない。まだやめたくない。

それに、梅津さんを喜ばせたかった。次は、リオオリンピックを目指したい。梅津さんと一緒に。

足のしこりから始まった梅津さんのがんは、リンパに転移した。それを切除したあと、次は肝臓に転移した。最初は「大丈夫やろ」と思っていたけれど、本当に危ないかもしれないと知った時は、頭がおかしくなりそうだった。梅津さんにプレゼントしようと思って家で梅津さんの絵を描いている時に、わ〜っと涙があふれてきた。

梅津さんがいなくなるなんて考えられない！

でも、それがあり得るのか……!?

そんな現実受け止められない。

梅津さんはいつも全く褒めない。「お疲れさま」すら言わない。練習の最初には必ず怒られて、毎回「俺は帰る」と言う。ボクシングの練習時間は、普通は2時間と短いのに、梅津さんは5〜6時間もやる。

「アホ！　こんなこともできないのか！」

「ひとりの時にやっているかいないか、すぐにわかる！」

「もっと地獄を見てみろボケ！」

とにかく厳しくて、私は毎日泣いていた。

でも、梅津さんは練習が終わるとケロッとしていて、別人のように気持ちを切り替えている。そして、たまにこう言った。

「ケーキ2個食べていいぞ」

梅津さんがご褒美をくれるのは、決まってジムの近くの喫茶店だった。「ケーキ2個」が、梅津さんの優しさの表現なのだ。わかりやすいアメとムチだ。

練習のあとは、私を笑わせようとすることもあった。面白くない冗談を言って、「あ、違うか」と自分でツッコんで「あはは！」と笑っていた。練習中とテンションが違いすぎてついていけないが優しさは感じた。一応私を楽しませようとしてるんだなと……。

現役続行を決めたあとは、「梅津さんのために戦う」という気持ちが強くなっていった。でも梅津さんはいつもこう言った。

「自分のために戦え」

私のために？　それってどういうことなんだろう？　簡単に言うけれど、私にとっては難しい。結局それはできていなかったと、今になって思う。

梅津さんとのお別れ

梅津さんのがんが治るまで、甘いものは食べない！

私が闘病中の梅津さんのためにできることは、それぐらいしかなかった。しかも、甘さが入った飲み物はどうなのか……とか考えると、自分次第のルールではある。「もっとマシなことはできなかったんか？」とも思うけど、当時はとにかく必死で、願掛けだとしても何かをせずにはいられなかった。

お百度参りにも行ったし、パワーストーンも何個か買った。梅津さんは「ありがとう」と言って腕につけてくれた。東洋医学についても調べて、気功を受けてもらったこともあった。

梅津さんが生きているうちにボクシングで結果を出したい。でも、なかなか勝てない。それで焦るというよりも、とにかく「梅津さんに生きていてほしい」と願うだけだった。

梅津さんががんになってからも、ボクシングの指導は受け続けていた。指導の仕方は変わらないけど、途中で椅子に座ることも増えて、ひどい時はジムまで来られないこともあった。それでも、体調がいい時はミットを持ってくれる。

入退院を繰り返すようになっても、梅津さんはボクシング指導の仕事を入れていた。抗がん剤治療の時だけ入院して、それ以外の時は仕事に行く。梅津さんの周りの人が、「ぜひ梅津さんに」と仕事をくれるのだ。ボクシング指導の仕事が本当に大好きな人だったので、その時だけ自分ががんだということを忘れられる時間だったのだと思う。映画のアクション指導の時は車椅子の状態で撮影現場に行き、アクションの時には立ち上がって指導するなど、がんだなんて嘘のように動けていた。

人間の気持ちの力ってすごい。これなら、絶対に奇跡が起こるはずだ。

亡くなる3カ月前にあった私の試合も見にきてくれていた。試合前にまだミットを持てるほど元気だった。

芸人の先輩たちがたくさん見にきていたし、私がトリの試合をするので「負けたらこの興行が失敗になるかも……！」というプレッシャーがあった。その緊張感がプラスに働き、いい試合ができて、無事に勝つことができた。梅津さんにもいい姿を見せられて良かった。

そしてこれが、梅津さんが最後に見た私の試合になった。


その後、梅津さんはホスピスに入った。試合の2カ月後ぐらいから、一気に調子が悪くなっていった。

私は仕事の時間以外は、全部お見舞いに時間を割いた。ある日、いつも通り「夜7時ぐらいに行きます」と連絡してからお見舞いに行った。

「遅かったなぁ」

梅津さんはそう言ったあと、意識が朦朧としていった。私を待っててくれたみたいに。

「絶対そっちに行ったらあかん！」

私も奥さんも、何度もそう叫んだ。

梅津さんはしゃべれない状態になっても、私の手を握ったり、噛んだりして、何かを訴えていた。何か伝えたいことがありそうだ。でも、梅津さんが言いたいことが私にはわからない。そしてまた意識が朦朧として、眠ってしまった。

これが最期かもしれない。

梅津さんの奥さんは、お世話になった人に電話をかけて、梅津さんの耳元で聞かせていた。電話口ではみんな「まだ絶対死ぬな」と言っていた。だけど、病室にいる人たちは、もう気づいていた。だから私は、感謝の言葉を伝えた。

「ありがとうございました」

すると、梅津さんの目から涙がバーッとあふれてきた。あ、聞こえたんや。今まで褒めてくれなくて、怒ってばっかりだったのに、私のこんな一言で最後に泣くなんて……ずるいよ。

梅津さんは私のことを「しずは出来の悪い妹だ」と何かのインタビューで言っていた。出来が悪いって、ひどいなぁ。でも、家族のように思ってくれてたんか。

私にとって梅津さんは、私の基準となるものを作ってくれた人だ。今でも迷った時には、必ず梅津さんの言葉を思い出す。

「山崎選手」から「しずちゃん」へ

『ｎｅｗｓ ｚｅｒｏ』に出た時、嵐の櫻井翔くんが私のことをこう紹介した。

「今日は山崎選手に来ていただいてます」

芸人じゃなく、すっかりアスリートやん。

梅津さんが亡くなったあとも、実感がないまま、山崎選手としてボクシングを続けた。梅津さんのことを１００％信じて、二人三脚でやってきた。だからこそ、同じように思えるトレーナーは、なかなか現れない。

これまで、とにかく「強くなるんや」「勝つんや」ということで頭がいっぱいだったのに、なぜか突然不安が襲ってきた。

「このままボクシング続けてて、将来大丈夫なのかな」

「お笑いの仕事が減ってきている。どうしよう？」

でも、リオオリンピックを目指すと言ったからには、やらなくてはいけない。私は少しずつ、義務感でボクシングを続けているような気持ちになっていった。

そんな中で、2人の女性に出会った。

「ぜんぜん楽しくなさそう」

私がボクシングをしている姿を見て、そう言った。アーティスティックスイミング競技でオリンピックに出たことのある、みささんという女性だ。今は競技を引退して、シルク・ド・ソレイユにいる。

みささんの周りには、スポーツを突き詰めたアスリートの人たちがたくさんいた。

「一度やめても、やりたい人は絶対戻ってくる。離れてみると自分がやりたいかどうかがはっきりとわかるわよ」

そう言われて、1カ月ほど練習をしないで過ごしてみた。

休んでいる間に、山形に行った。梅津さんの恩師の奥さんに会いに行ったのだ。

「いま、休憩してるんです」

今は休んでいても、私はボクシングをやめたらいけないと思っていた。やめることは逃げで、絶対に選んではいけないことだ。でも、梅津さんの恩師の奥さんは、こう言った。

「全然いいんじゃない」

え？　そうなの？　休んでていいの？

「自分がやりたいんだったら戻ったらいい。でも、もう十分やったから、もしやめても世間は怒らないよ」

そうなんや。やめることを選んでもいいんだ。そう気づいただけで、心が楽になった。

そして、１カ月の休憩期間が終わっても、私は戻ろうと思えずに、そのまま引退した。後悔はない。ニュースでは「体力の限界」と言われていたけれど、本当は精神的に続けられなくなったからだった。この時36歳で、確かに体力は落ちていくけれど、体力に合うトレーニングをすればいいのだ。でも、気持ちがついていかない。遊びでやる分にはいいけど、オリンピックを目指すことはもうできない。

引退してからしばらくたって、71歳のボクシングトレーナーの女性に出会った。自分よりずっと大きい男の人のミットを持って、71歳とは思えない動きをしていた。彼女は、「とにかくボクシングが好き。それだけ」と言っていた。私は、オリンピックという目標があったからやれていたけど、ボクシングに対する思いはこの人ほどではない。「どうしても好き」というほどではないんやと痛感した瞬間だった。

当時、リオオリンピックを目指すと言っていたので、引退会見をするのは少し怖かった。途中で諦めたとみんなに思われる。私として後悔はないけど、世間はどう思うかわからない。

会見が終わってスマホを見ると、蒼井優ちゃんからこんなメッセージが届いていた。

「私はずっとそばにいるからね」

私がボクシングをやめても「関係は変わらないよ」ということだと思う。すごくうれしかった。私はもっと楽に生きていいんや。

ほかにも、私のことを知っている人に、引退について否定するようなことを言う人はいなかった。よく知らない人からは「なんで？　もったいない」と言われることもあった。道でおじさんに「なんでやめたん？」「根性なしやな」と言われたこともある。

でも私は傷つかない。「世間はそうやろな」と思うだけ。だって、自分で納得して決めたことだし、味方になってくれる人もいるから。

もう、芸人のしずちゃんに戻る時が来たんだ。あの赤眼鏡のもとに……。

やっと気づいた、山ちゃんの「欲」

そろそろ山ちゃんの話をしようと思う。

……と、その前に、芸人の先輩たちにも感謝したい。

先輩方は、私のボクシングをずっと応援してくれていた。特に印象深かったのは、月亭方正さん。がっつりボクシングをしていた頃のある日、挨拶をした時に、

「俺に何ができる？」

と第一声で言った。プライベートの付き合いはないけれど、私がボクシングをしていることをテレビで見て知ってくださっていたらしい。

「なんでもするから、なんでも言って」

私がこんなにボクシングに打ち込んで、お笑いをやっていないのに、力になろうとしてくださっている。私は半分以上ボクサーになっていたけど、お笑いの現場に行くと、みんなが

優しかった。

そして、ロンドンオリンピックの1年前ぐらいから、山ちゃんも少しずつ私を応援してくれるようになっていた。予定が合えば、試合を見にきてくれることもあった。だいたい時間が合わなくて、山ちゃんが着いた時には終わってることが多かったけど。

ライセンスを取ったあとの初の公式戦の時、山ちゃんは台湾まで見にきてくれた。「話題になってから応援に来るなんて」と憎たらしく思っていたのに、試合後に山ちゃんの顔を見たら泣いてしまったのだ。ああ恥ずかしい。

初試合で張り詰めていて、戦場にいるような気持ちだった。そこへ急に家族が現れたような感覚になり、緊張が解けて、涙がポロポロ出てしまった。「え、私こんなふうになるん!?」と自分でも驚いた。

初戦で負けた私に対し、山ちゃんはカメラを連れて「もう終わったの？」と軽いノリで話しかけてきた。「あ、これは泣く雰囲気やない」と気づいてからは、泣くのを必死で我慢した。

この頃から私は、山ちゃんのストイックさを理解できるようになっていた。きっかけは、

梅津さんの言葉だ。

梅津さんは、何度も私に「欲を出せ」と言った。オリンピックという高い目標を目指すなら、もっと欲を出して、貪欲にならなければいけない。私はのんびりしているので、欲を持つという感覚がいまいちわからない。性格を変えてでも欲を出していく必要があった。引退までにどれだけできたかはわからないけど、「欲を出さなければ」という意識でいた。

欲を意識しているうちに、山ちゃんの貪欲さがわかってきた。今なら、数々の嫌がらせも、少しは……いや、ほんのちょびっとだけ、理解できる。きっと私にいろんなことを強要してくるのは、「欲」があったからだ。

引退して芸能の仕事に戻った時にも、「欲を出していかなあかん」ということがわかった。ボクシングをやる前の自分が、いかにぬるかったか気づいた。それに、ボクシングというひとつのことをやりきった私は、前よりももっともっと自信を持って生きていける。梅津さんに教えてもらったことが、私の中で生き続けている。

第四章

大きな女

毒舌キャラに進化していた山ちゃん

悔しい……‼

ボクシングという厳しい勝負の世界を引退してもなお、こんな気持ちを味わうなんて。

理由は、山ちゃんだった。

私がボクシングに打ち込んでいるあいだ、山ちゃんはテレビやラジオに出続けていた。有名どころだけでも、『アウト×デラックス』（フジテレビ）、『オールナイトニッポンR』（ニッポン放送）、『スッキリ』（日本テレビ）の天の声などなど。

私がオリンピックを目指した２０１０年から、引退する２０１５年まで、約5年分の差をつけられているというわけだ。私がお笑いに完全復帰するとなった時、その差をまざまざと見せつけられ、「山ちゃん、こんなに上へ行っちゃったか」と天を仰いだ。

特に、各番組で定着した毒づくキャラが、私からするとやっかいだった。漫才の中で、私のボケが、山ちゃんの毒づくためのフリになってしまうからだ。

例えば私がスマホで空の写真を撮る動きをすると、山ちゃんがそれに対して「空の写真と行間あけた文章でＳＮＳに載せるけど、中身は空っぽなインスタグラマー」の偏見を言う漫才や、「美容に関して、特別なことは何もしていません」という美魔女を演じる私に対し、「旦那が金持ちだからそのお金のおかげだ」という、美魔女の裏側を見透かすようなツッコミをする漫才だ。

こういう漫才は、私がなんとなく気取った女性を演じることが多かったのだが、私が話している間は特に笑いは起きない。山ちゃんがツッコんで初めて意味がわかり、笑いが起きるという作りになっていて、山ちゃんがその毒を吐きたいがために私がその役を演じる流れを作る。そしてその毒舌で爆笑が起こる。

私はガンガン前に出るタイプではないけれど、笑いは取りたいと思っているし、負けず嫌いでもあるので、自分で笑いが取れないことがすごくもどかしい。

とはいえ、山ちゃんに感謝もしている。

私がボクシングをやめることをメールで報告した時、「おかえり」と返事が来たのだ。「おかえり」なんてあったかい言葉、底意地が悪くて嫉妬深くて卑劣で妬《ねた》み嫉《そね》みの塊である山ちゃんから出た言葉!? と驚いた。

山ちゃんがテレビやラジオの仕事を頑張って、ファンの人たちの目に触れる場所に出続けてくれていたってことは、「南海キャンディーズ」という居場所を守ってくれていたっていうことなのだ。

それから、他の芸人さんたちも、吉本やテレビ局の人も、世間の人も、私の復帰を受け入れてくれていた。居場所があることのありがたさを感じる。これは、ボクシングをやる前は、正直あまり感じていないことだった。

人を笑わせたい!

そんな気持ちがむくむくと湧いてきた。私は山ちゃんのおかげで、芸人という原点に戻ってくることができたのだ。

芸歴16年目で、再びM－1を目指す！

復帰したからには、M－1に挑戦したい！　私は、いや南海キャンディーズは、本気だった。
最近は錦鯉さんがM－1最年長王者として注目されているけど、当時の南海キャンディーズも私が37歳、山ちゃん39歳と、挑戦するにはなかなかいい年齢だった。

実は、ボクシングに打ち込んでいた最中も、2回ほどM－1に出場していた。2005年の結果がひどすぎたから、仕事の忙しさにかまけて、3年ほどM－1から逃げていた。だけど2人とも「出場できる権利があるのに、出ないってダメじゃない？」という思いがあって、2008年と2009年に出場していたのだ。

結果は、準決勝敗退と、決勝8位。

最初の華々しい準優勝から、苦い記憶が上書きされていく。テレビに出られているし、知名度もあるし、もう南海キャンディーズはＭ－１を卒業してもいいと言われたりもした。

ボクシングに打ち込んでいる最中も、Ｍ－１は毎年欠かさず見ていた。

出ている人は、やっぱりかっこいい。そして、最高に面白い！

一方で自分は、お笑いで挑戦していない気がした。胸を張って「私は芸人だ」とは言えない。後ろめたい感情がふつふつと湧いてくる。

私は、自分の芸を持っていない。芸人として「何か芸をせなあかん」という時にできることは、山ちゃんとの漫才しかない。芸をするのが芸人で、そうなると私にとって芸人でいることは、漫才をやることなのだ。だから、漫才をしていると、「私は芸人だ」と思えて、気持ちが安定する。

お笑いから離れているあいだも、Ｍ－１への憧れはずっとずっとあった。だから、まだ出られる権利があるなら、出たい。

このことを山ちゃんに伝えると、同じ気持ちだった。まぁ、山ちゃんは計算高い人なので、南海キャンディーズが本格復帰する場として一番わかりやすいのがＭ－１だという考えもあったと思う。

本当に出場するとなると、周りはみんな後輩だ。やっぱり勢いがあるし、1年かけてM－1だけに照準を合わせてきているから、熱意がすごい。私たちは彼らと温度差があった。出ると決めたものの、1年かけてM－1だけに照準を合わせることはできなかった。

そして、山ちゃんにとってM－1に出場することは、私以上にプレッシャーだったと思う。ゴールデン番組でMCを務め、後輩を仕切る立場なのだ。そんな彼らと同じ舞台に立ち、本業の腕を競う。かっこ悪いところは見せられないからか、山ちゃんはガチガチに緊張していた。どれだけ大きな仕事をしていても、やっぱりM－1となると、山ちゃんも緊張するんやな。いい意味で人間としての隙が見えた気がして私は安心できた。「私がしっかりせな」と思うこともできたりもした。

山ちゃんも人間だ。M－1に挑戦したからこそ気づけたことだった。

やっぱり流れた不協和音

もう以前の仲が悪い私たちじゃないと思っていたけれど、M－1を目標に掲げてから、早々に揉めた。山ちゃんの作ってくるネタに納得がいかないのだ。ネタの内容は、山ちゃんのキャラを生かしたものだった。私のボケは、山ちゃんが毒づくためのフリになる。

「私がフリに徹しているのがいやや」

そう伝えると、勢いよく詰められた。

「上に行くためにはウケるネタやらなきゃいけないよね？　僕が毒づくのと、これまでの漫才と、どっちがウケると思う？　うん、言わずもがなだよね？」

「……そやな」

山ちゃんのほうが実力もあったし、私が折れた。山ちゃんに合わせて、自分のパートができるだけ面白くなるように、自分ができることをやっていた。

そして、順調にウケて勝ち進んでいった。やっぱりまた山ちゃんの言う通りやった。

でも、準決勝から突然様子がおかしくなった。思ったよりウケなかったのだ。

理由は、山ちゃんも私もすぐにわかった。準決勝はお笑い好きのお客さんが集まっていて、山ちゃんが面白いことはもうみんな知っている。でもここに立っているのは「南海キャンディーズ」。コンビとして爆発しないと意味がない。手数が少なくても、「しずちゃんが何かやってくれる」と期待されている。私がもっと暴れないといけなかった。

「ごめん、戦略ミスだった」

山ちゃんは変わっていた。謝ってくれたのだ。

「ほんとその通りやで！」

とは言わなかった。山ちゃんだけでなく、私も変わった。準決勝まで行けたのは山ちゃんの力があったから。山ちゃんのおかげで挑戦できたのだ。

結果が出る前から、勝ち上がるのは無理だとわかった。もちろん決勝に行きたかったけど、心のどこかで「しゃーないな」とも思っていた。劇場に立ち続けてきた人にはかなわない。

……でもまだだ。私たちのラストイヤーは来年なのだ。

M－1ラストイヤーで初めて物申す

「しずちゃんのやりたい感じはどう？」

コンビを組んで初めて、山ちゃんが私の意見を伺ってくれた。もうラストイヤーだった。

前年準決勝で敗退して、すぐに「このままでは終われない」と思った。久々に漫才をやったものの、南海キャンディーズの面白さを出し切れていない。私たちはもっとできる。だからもう一度挑戦したい。

山ちゃんは、前年の準決勝敗退から、さらに変わっていた。珍しく「ごめん」と言ったなと思ったら、昔からやっているボケツッコミの形に戻した。その上で、山ちゃんの毒をいい感じに入れることにした。

しかし、またしても準決勝から上には行けなかった。毎日劇場に立って、1年間ずっとM－1を目指している人には勝てなかった。南海キャンディーズの挑戦は、あっさりと幕を閉じた。

「M－1で勝負するのはもう無理なんや」

M－1に関われるのはこれが最後だと思うと、涙が出てきた。もう出たくても出られない。高校生の時しか出られない甲子園ってこんな感じなんかな？　漫才は他の舞台でいくらでもできるけど、M－1には出られない。

やっぱり芸人にとって、M－1で優勝して売れることは、夢だ。ずっと憧れ続けたし、南海キャンディーズがバーンと世に出たきっかけは、M－1だった。そこからすべてが始まった。私にとって、特別な大会なのだ。

舞台袖から出ていく瞬間、緊張しすぎて「どうしよう、もうイヤや」と毎回思う。それなのに、この瞬間が一番好きだ。まず山ちゃんが出ていって、私がついていく。M－1のため

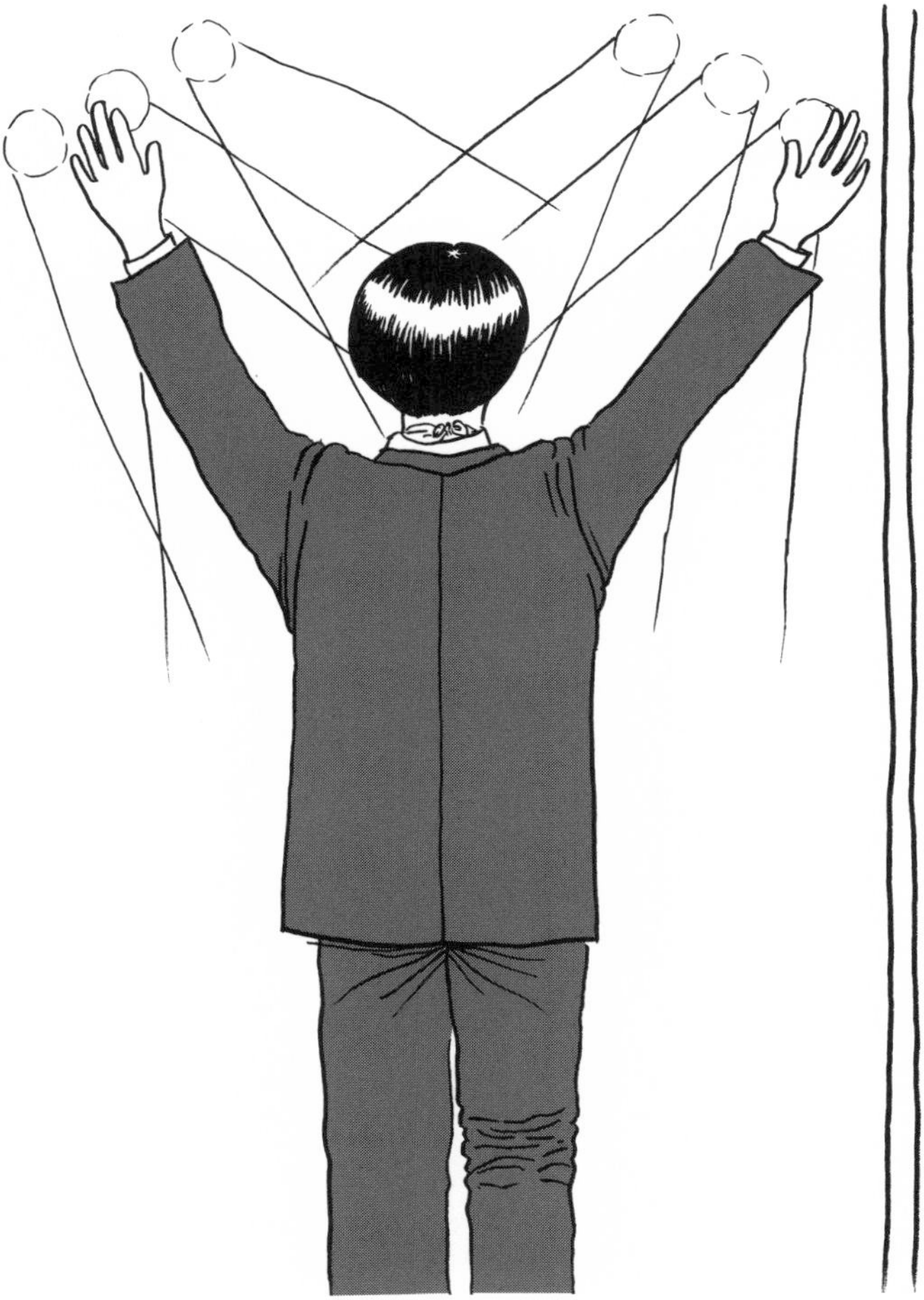

に1年間準備したわけじゃないけど、十何年とやってきて、積み重ねてきたものがあるんや。だから大丈夫と思えた。

そんなことを思いながら、M－1の舞台に立った。そしてこれからも舞台に立ち続ける。舞台上では、相方と自分を信じるしかないのだ。

山ちゃんのことを憎いと思っていた時期もあったけど、「この人についていったら大丈夫や」という気持ちは、ずっとブレなかった。舞台袖から出る瞬間、山ちゃんの背中を追いかけるたびにそう思う。

不安すぎる初単独ライブ

南海キャンディーズは、結成15年目で初めて単独ライブをやることになった。

ありえない。普通はもっと早く、若手と呼ばれる頃に経験しているものだ。「そういえば単独やってないなぁ自分たち」と思ったまま、中堅になってしまったのだ。

単独ライブをやることは、正直言って「怖い」という気持ちでいっぱいだった。なぜならすでに、そこそこテレビに出させてもらっていたから……。


求められるハードル上がってるやん?

単独やって失敗したらどうする?

お客さん全然来ないかもよ?

名前だけ有名やけど、私たちに単独ライブをやれるほど実力がある?

実力がなかったら、それがもろわかりになるやん？

2人だけで何ができんねん⁉

ずっと仲が悪かったし、下積みがないまま世に出てしまって、知名度に見合うだけの実力も自信もなかった。一気に何本もネタをやったこともない。

だから私は、酒をやめた。「え、努力するのそこ？」と思われるかもしれないけど、「これをやったぞ」という自信をつけるために選んだのが断酒だった。

そして単独ライブの準備でもまた、山ちゃんと毎日会うことになった。こんなの久しぶりだったから、「相方って普通はこんなに毎日会うもんなんや」と思ったのを覚えている。

怖いから、とにかく練習を重ねた。7本ものネタをぶっ通しでやるのは初めてだ。ウケるかどうかは本番までわからないけど、作家さんに見てもらって、「面白い」と言ってもらって安心して、また練習する。この繰り返しだった。

単独ライブは、1日2公演を2日間やったので、全部で4公演あった。

「やってみないとわからん。全部ダダ滑りするかもしれない……」

当日までそんな気持ちでいたけれど、最初の公演の最初のネタで、笑ってもらえた。

「あ、ウケた」

そう思えてから、少し安心してネタをすることができた。お客さんがめちゃくちゃあったかい。山ちゃんのラジオのリスナーさんもたくさん来てくれてる。

やればやるほど、「楽しい‼」という気持ちが溢れてきた。

単独ライブをやってよかったのは、ネタで遊べるようになったことだ。南海キャンディーズの場合の「ネタで遊ぶ」とは、山ちゃんがネタから脱線してアドリブで相手に無茶振りしたり、わざと滑らせて、それを拾って笑いに変えたりするようなこと。例えば、千鳥のおふたりのやり取りをイメージするとわかりやすいと思う。2人でしかできないような、ふざけ合って遊んで、笑いに変えるやり取り。

私はこの「ネタで遊ぶ」に長年憧れを抱いていた。

ネタで遊ぶことは、相手に愛情がないとやる気にならないし、信頼がないと「滑ってもなんとかなる」と思えない。仲が悪いとできないのだ。

これまでは、私が滑ったり、グダグダになったりすると、山ちゃんは「なんだコイツ」といった嫌な表情を見せていた。でも今は、グダグダも面白いと思ってくれているようだし、きっと笑いに変えてくれる。南海キャンディーズでしか成立しない関係性の見せ方ができるようになった。

M－1などの大会と違って、単独ライブは厳密に時間が決まっていない。だから、最後の漫才は、本来20分のところを40分やった公演もあった。「ネタで遊ぶ」をやり続けた。お客さんもよう付き合ってくれたな。

山ちゃんはゾーンに入った時、とてつもなくしゃべりまくり、舞台を降りようとしない。ボクシングで体力をつけまくっている私が「今日もう1公演できるかな……」とヘトヘトになっている時、山ちゃんはさらにエンジンがかかっている。そして、さらにしゃべる。

「この人すげーな」

相方ながら、とても驚いた。もしボクシングをやっていたら、むちゃくちゃスタミナのある選手になってたんちゃう？

梅津さんを「おに」にして絵本を出す

梅津さんが亡くなった5年後、梅津さんのことを描いた絵本を岩崎書店から刊行した。タイトルは、『あなたに会えてよかった』『ありがとう』『ずっと大好きだよ』……そんなんじゃありません。

『このおに』。

恨みつらみを描いたのではもちろんない。山ちゃんじゃあるまいし（笑）。梅津さんの言葉で私は変われたから、怒ってくれる人がいるありがたさを伝えたかったのだ。

そもそも私は絵を描くことが好きなのだ。

趣味でボクシングを始めた頃に、ＮＨＫの『輝く女』という番組に密着してもらいながら、大きな絵を描いたこともある。そのあと、ボクシング活動が本格化する前に『すきすきどんどん』という絵本を幻冬舎から刊行した。

それから約10年がたち「梅津さん」という、描いてみたいテーマが見つかったというわけだ。

『このおに』は、ノンフィクションに近い、ストーリーのある絵本だ。

「いちびょう　いちびょう　たいせつに　やれ。」

「ひとりのときに　やっているか　やっていないか　すぐに　わかる。」

「もっと　よくばりになれ。みんなの　なかから　とびだせ。」

梅津さんの言葉をそのまま絵本にした。

ストーリーが先にあって、それに合わせて絵を描いているから、正直言って「描いていて楽しくないなぁ」と思う絵もあった（笑）。でも、最後にストーリーが全部つながった時に、いい絵本になったと思えた。

一般の方がどれだけ読んでくれたかはわからない。読んでほしいと思う人には、直接会って渡した。漫画家の荒木飛呂彦先生、カラテカの矢部太郎さん、蒼井優ちゃん。「子どもが読んだらよさそうだね」と言ってもらえたのがうれしかった。私の好きな人が「いい」って言ってくれたら、それでもう満足なのだ。

もし梅津さんが読んだらどう思うやろ？　素直に褒めてくれないってことだけは、わかってるけどね。

恋のキューピッドになってみた

２０１９年６月５日。私は再びボクシングのグローブをはめた。山ちゃんと蒼井優ちゃんの結婚会見に出るためである。

予想外で意外すぎる組み合わせ。引き合わせたのは、ご存じの方もいらっしゃるかもしれませんが、実はこの私だ。

きっかけは、なんと優ちゃんのほうから。優ちゃんは山ちゃんのレギュラー番組をめちゃくちゃ見ていて、その裏話が聞きたいということで、山ちゃんと引き合わせてみた。

一時は憎いとまで思っていた山ちゃんに、一番大事な親友・優ちゃんを紹介したのはなぜ？と思われるかもしれない。

山ちゃんは、なんだかんだ言って、人間として悪い人ではない。仲が悪い時期もあったけど、コンビを解散するほど嫌なわけでもないし、家族みたいなものだ。私としては、「大事

な人同士を紹介した」という感覚だった。
それに、優ちゃんと山ちゃんは目線が似ていると感じていた。優ちゃんはちょっと変わった目線でものごとを見る人で、すごく面白くて、頭が良くて、素敵な女性なのだ。そういう意味で、芸人に近い部分がある気がする。優ちゃんは山ちゃんを尊敬していたので、恋愛にならなくてもいい関係になるだろうと見立てていたのだ。
2人が共演した際、優ちゃんは山ちゃんに対しての印象がとても良かったとも聞いていて、それから山ちゃんがライブに優ちゃんを誘ったりもしていた。
2人の関係がゆるく続いている最中も、実

はキューピッド・しずちゃんの活躍があった。「優ちゃんが山ちゃんについてこんなこと言ってたよ」という話を山ちゃんに伝えていたのだ。

「『全力脱力タイムズ』の山ちゃんを優ちゃんが褒めてたよ。詳しくは言わへんけど」

あまり褒めると調子に乗ると思って、いつもまずは簡単に伝える。すると、

「どんな言葉で、どんなふうに褒めてたの⁉」

山ちゃんはめちゃくちゃ気にかけてくる。10分ぐらい引っ張ってから、

「なんか、めっちゃ褒めてて、愛おしいみたいなこと言ってたなぁ」

と優ちゃんの言葉を伝えた。

他にも、第一印象が良かったことや、『天才はあきらめた』を読んだことを伝えた。余談だが、私は『天才はあきらめた』をそれまで読んでいなくて、優ちゃんに勧められたから読んだのだ。

こうして、「優ちゃん、あまりイヤじゃなさそうやで」「印象いいよ」ということをちょこちょこ伝えて、山ちゃんが攻めやすいようにサポートしていた。

なのに！　ある日から、山ちゃんのリアクションが変わったのだ。

「優ちゃんがまた山ちゃんのこと褒めてたよ」

「へぇ」

なんでそんなにそっけないん？　山ちゃん何してんの？　こんなに優ちゃんがいい感じに思ってくれてるのに、なんで攻めてないん⁉

そんなふうに山ちゃんにいら立つ日が続いたあと、突然「優ちゃんと結婚する」と言われた。つまり、付き合っていることを私に隠していたのだ。そっけなかったのは、すでに付き合っていたからってこと。なんやねん。

結婚の報告を聞いた時は、「夢あるな〜！」とうれしくなった。山ちゃんはクズと言われることもあるけど、お笑いに対して真面目に頑張って、誠実に生きてきた人。だからこそ、こんなことが起こった。これで芸人になりたい人増えるんちゃうか？

気が合うと思ってはいたけれど、さすがに結婚は驚いた。

その後の話は、皆さんがテレビで見た通り。めちゃくちゃ世間を揺るがすことを起こすなんて、さすが山ちゃんやな。

コロナ禍で気づいたこと

山ちゃんが優ちゃんと結婚してしばらくたった頃、それはやってきた。新型コロナウイルスの感染拡大で自宅待機を余儀なくされ、仕事がほぼゼロになってしまった。マイペースな私は「しょうがないことやしなぁ」と、開き直って、ギターを弾く、ごはんを作る、絵を描くと、普段は立てないスケジュールを組んでみた。これまでの仕事のおかげで、しばらくは生きていくのに困らないくらいには余裕があったからこそできたんだろうと思うけど、なんだか前向きにこの生活を楽しもうとしている自分もいた。

でも、ひとりでぼんやり過ごしていると「地球ってどうなるんかな」「人類の最期ってどうなるんやろう」というようなことを漠然と考える時もあって、次第に描く絵も変化してきた。この頃の私は、いろんな人の不安に寄り添い、希望を持ってもらえるような絵を描きたいと思っていた。それまでは、正直なんにも考えず、思うがままに自由に描いてたから、これは大きな心境の変化である。

そうして仕上がった絵は、我ながら明るくて、希望に満ちているように見えたのだけど、山ちゃんはこう言い放った……。

「心の闇が出てるね」

……見る目ないわーと思ったけど、言われてみれば確かにとも思った。

マンションからふと外を見た時に、夕日がきれいに見えて感動したりもした。東京に出てきてから、そんな余裕は今までなかったなと思うと、世の中は大変な状態ではあるけど、この時間は貴重だなと思えた。

とはいえ、友人とお酒を飲むのが好きな私にとって、外食ができないというのはストレスだった。「なんか寂しいなぁ」というタイミングで、後輩が誘ってくれたのがＺｏｏｍ飲みという新しいスタイル。ネットを通してでも、人と話すことで気持ちが安定したので、週に1回ぐらい開催してたと思う。「私ってやっぱり人が好きなんだな」と改めて実感した。

当時ハマッていた韓国ドラマ『梨泰院クラス』に影響され、ヤンニョムチキンを大量に作ったこともあった。それをつまみに自宅でだらだらとお酒を飲む時間も幸せだったなぁ。眠くなったらそのまま寝ちゃう自堕落な生活だ。

山ちゃんとは「こんなご時世だからこそなんかやろうか～」と話をして、お互いの自宅からインスタライブで漫才をやってみることになった。いいアイデアだと思ったのだけど、2人とも機械に弱かったのが問題だった。

まず、漫才をやり始めるまでに30分もかかった。立ち位置を合わせて、劇場で見るのと変わらないようにしたいと話していたのに、どちらかがめちゃくちゃでかく映っていたり、動きと音声がずれていたり、思っていたようにはできなかった。結局その1回きりでやめてしまったから、ある意味貴重なライブとなったのだった。

ジミー大西さんという大先輩

物心ついた頃から絵を描くのが好きだった。小学生になると、お姉ちゃんと学校であった出来事を漫画にしてお互い見せ合って、「さいとうかずき」という謎のペンネームまで作っていた。『りぼん』っぽい表紙をオリジナルで描いて、「お待たせ！　かずくんの新連載！」とでっかくあおり文まで入れて、自作自演で売れっ子漫画家の気分になっていた。新連載を始めても、すぐ飽きて2話で放置、また新しく新連載を始める、という繰り返しで、まったく長続きしなかったんやけど。

今みたいに本格的に絵を描き始めたきっかけは番組の企画だった。ＮＨＫのドキュメンタリー番組で、大きな絵を描かせてもらえたことで、改めて絵を描くことの面白さを感じた。『ジョジョの奇妙な冒険』の作者・荒木飛呂彦先生が、その絵を褒めてくださったことも大きな要因かもしれない。

そんな私が絵で個展を開かせてもらえるようになった裏には、ジミー大西さんという大先輩の存在が欠かせない。いつもふざけているように見える人だけど、本当に優しくてあったかい人で、ジミーさんが私の絵のことを関係者に話をしてくれて、実現できたのだ。個展をやることが決まったとLINEで伝えさせてもらった時も、「個展は始まるまで、そして始まってからも大変やで」とか「南海キャンディーズが軸。コンビあってこそやからな」と、真剣なアドバイスをくださった。しかしその後に、ひたすら『あしたのジョー』のスタンプだけを送り合って終わらないスタンプのラリーをする、みたいなこともあった。やっぱり、ふざけた人かも（笑）。

ジミーさんと初めてちゃんとお話ししたのは、吉本坂46（秋元康さんと吉本興業がタッグを組んだ企画）の発足イベントで、たくさんの芸人が渋谷のヨシモト∞ホールに集められた時だ。楽屋からステージへの移動中にジミーさんから話しかけてくださったのだけど、正直何をしゃべっているのかがまったく聞き取れず、「あぁ、ははは……」って、めちゃくちゃ愛想笑いで返してしまった。

それからしばらくして、京都国際映画祭の楽屋で声をかけてもらった時に、ようやく初めてジミーさんの話が聞き取れた。

「しずちゃん、ボクシングやってるんやろ！　試合しようや！」

聞き取れたものの謎の提案。その後、本当に試合を組もうとしてくれたそうで、ジミーさんが練習している姿を見た周りの人たちから「そんなんじゃしずちゃんに勝たれへんよ！」と言われて、ボクシングの練習をやめてしまったらしい（笑）。


そういえば楽屋で「スパーリングしよう」と突然誘われた時もあった。「本気で来ていいよ」と言われたので、軽くボディーブローを当てようとしたら本当に急所に入ってしまい、ジミーさんが顔をゆがめて膝から崩れ落ちてしまった。慌てて「すみません！」と駆け寄った私に、「全然、大丈夫大丈夫！」と笑顔で言ってくださったのでまたふざけているのかなと思ったのだが、そのあと実はトイレで吐いていたと聞いた。めっちゃ効いてるやん……！　ジミーさん、その節は本当にすみません。

そうして少しずつ仲良くさせてもらって、ごはんに連れて行っていただいた時にたくさん

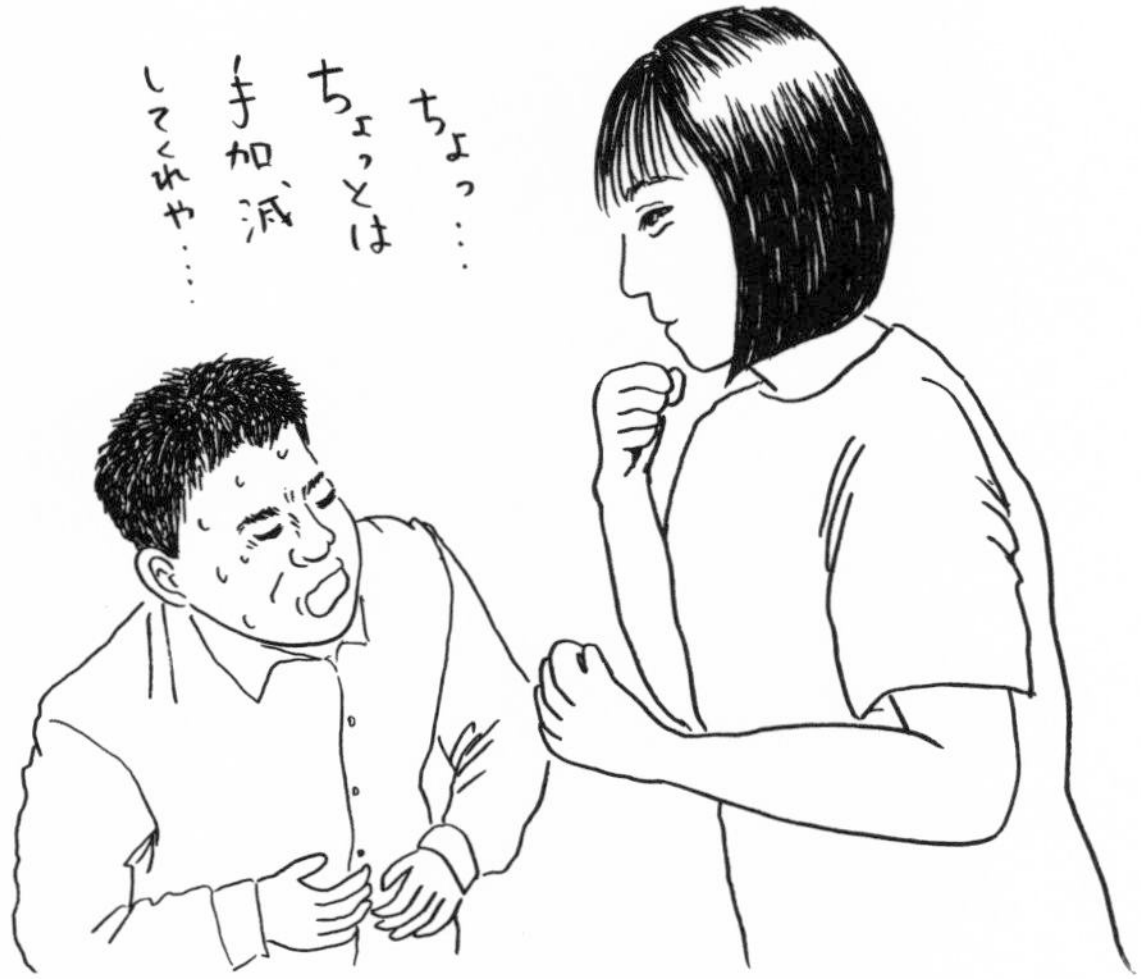

絵の話をしてくださった。

「しずちゃんが本気で絵をやっていきたいってなったら、その道の、いろいろな方を紹介することはできるよ。でも、その方々からどう評価をされるかはわからへんけどな」と言ってくれたのだ。絵の世界の厳しさも知ってるからこそ、いろんな視点でアドバイスをくれる、ありがたい先輩だ。

ジミーさんがいなかったら、私の絵がここまで世に出ることはなかったかもしれない。

今後チャレンジしてみたい描き方は、ずばり、魚拓ならぬ人拓《じんたく》だ。いつか体全部を使った絵を描いてみたいなぁ。

度肝を抜かれて恋に落ちた思い出

ボクシングを始める少し前。ある夏のこと。

2人で公園を歩いていると、彼は突然木に登り始めた。そして、セミの抜け殻を両手いっぱいに集めた。木から降りると、両手いっぱいのセミの抜け殻を、私に向かって差し出した。

「これあげる」

その目は、真っすぐに私を見ていた。本当に大事なものをあげる、という言い方だった。

キュンです……。

私は恋に落ちた。度肝を抜かれると、どうしようもなく好きになってしまう。

ちなみにこの彼は、のちに旦那さんになる人ではありません。この〝セミの彼〟には、1年ほど片思いした後、思い切って告白をし、そしてあっさりと振られた。理由は、「恋愛に興味がない」とのことだった。なのに、そのあと彼は結婚し、今はベトナムに住んでいる。話が違うやん。

でも今も交流が続いていて、連絡を取り合っている。このあいだはサソリを風呂で洗っている動画が送られてきた。洗って、絶食させた後、食材にしたらしい。そこまでして、味の感想はというと、「まずかった」らしい。罰ゲームみたいになってるやん（笑）。

さらに驚かれると思うけど、ベトナムに住む彼の元へ遊びに行ったこともある。もちろん不倫ではない。友達としてだ。人として興味があったので、振られてもその人には注目していたのだ。

思い返せば今までめちゃくちゃ好きになったのは、旦那さんを除くと、このセミの彼と、学生時代にストーカーをしていたバンドマンの彼、この2人だけかもしれない。

よく、告白する勇気が出ないという話を聞く。だけど、「絶対にこの人がいい！　めちゃくちゃ好き！」と思える人ってめったにいないので、出会ってしまったら告白せざるを得ないと私は思う。怖いとか、「振られたら友達じゃなくなるかも」っていう不安を飛び越えて、言いたくてしょうがなくなるのだ。

それから私は、好きな人から影響を受けがち。バンドマンの彼の影響で聴き始めたブルーハーツは、今でも大好き。それでつながった音楽関係の人たちもいる。

セミの彼は、いつも周りに大勢の人がいるタイプだった。ボランティア活動もしていて、自然と人が集まってくるような人だ。私がいろんな人を集めたり、友達同士を紹介したりするのが好きなのは、セミの彼の影響だろう。

こんなふうに、恋愛での経験が、私の人間関係にいい影響を与えている。

運命の人

「この人や！」と思う人を追いかけまくって失敗してきた過去の恋愛。それを踏まえて今の旦那さんとなる佐藤達《とおる》さんには大人なアプローチを心掛けた……なんてことはない。いつも以上に積極的に追いかけまくってしまった。

知り合ったきっかけは舞台の共演。稽古を重ねるうちに「この人、芝居に対する姿勢がすごいな」と鳥肌が立ち、実際に難しい役をこなす姿を見て、尊敬の念がどんどん強まった。出会った時から人柄も素晴らしくて、この頃からすでに「ちょっといいな……」と思っていたけれど、舞台がある期間は芝居に集中。そんなに多くを話す関係ではなかった。

舞台が無事に終わり、私は抑えられない気持ちを胸に、彼がバイトしている店にとにかく通う――という作戦から始めてみた。今までの恋愛で押しまくって成功したことは……ない！「これ以上は迷惑や」と言われたらスッパリと諦めようと思っていたが、達さんは相手はしてくれていた。「脈あり！」と勝手にポジティブに考えて、何かと口実を考えて友人との食事会に誘ったり、ライブに誘ったり……。付き合う前にマネージャーと私と達さんの3人で旅行もした。

彼がバイトしているお店の近くに引っ越した時には、完全にやばいストーカー予備軍になっていたかもしれない。周りの友達やマネージャーに引っ越しの相談をしたら、みんな口をそろえて「それはやめたほうがいい！」と反対していた。そりゃそうか。しかし、私は実行した。

どこへ行くにも私から誘っていたので、「私のこと、どう思ってんのかなぁ。はっきりせえへんなぁ」と思っていた。一方で、私が達さんと一緒にいて楽しいのだから、「付き合う」という形に縛られなくてもいいのかもしれない……と考える自分もいた。

達さんは、大変真面目な人なので「お付き合いをする前に、友人の枠を超えるようなことはしません」というようなことをよく言っていた。そういう面では、どちらかというと私のほうが柔軟な考えを持っていたのかもしれない。なんせ、「隙あらばなんとかなれ！」と思っていたのだ（笑）。

だから、付き合う前に初めて2人で旅行に行った時、お酒の勢いを借りてこの関係をはっきりさせたくなり、改めて「私らってどういう関係なんかな？」と聞いたら、「2人で旅行に来ているのだから、これは付き合っているという認識だった」って。それを聞いた時は本当に、本当にうれしかったけど、ほな先に言うてや～。

そんなわけで、晴れて旅行先で正式に「カップル」となった私たちだった。

また
きたよ〜
わっ
また
きた!!

山ちゃんへのご報告

結婚を前提にお付き合いを始めたことを、いつ誰にどういうタイミングで報告するかが難しかった。両親への報告もわりと遅かったし、父親からも「娘さんをください！　みたいな堅苦しいあいさつはいらんから」と言われていたので、紹介がてら家族みんなでご飯を食べただけだった。

南海キャンディーズの恩人である元マネージャーの片山勝三さん（SLUSH-PILE.代表取締役）には、ちょうど結婚しようと思っていた時に電車でばったり会った。なぜか私はそのタイミングで「今や！」と思ってしまい、「電車で話すことじゃないんですけど……」と、結婚報告をした。片山さんは「えーーー!?　おめでとう……！　いや、でもちょっと待って。改めてちゃんと話そう！　今日あとで時間ある？」と、突然のご報告に慌てていた（笑）。

どう報告したらいいか一番悩んだ相手は、やっぱり山ちゃんだった。まずはすべての事情を知るマネージャーに「世間へは、どんなふうに発表するのがいいと思う？」と相談してみた。私もマネージャーも「山ちゃんのラジオでさせてもらえないだろうか」という意見で一致した。『山里亮太の不毛な議論』（ＴＢＳラジオ）は、山ちゃん自身がすごく大切にしているラジオで、今までも何かあればラジオを発表の場にしていた。「漫才をまた2人でしっかりやっていこう」とか、そのことに対する自分たちの決意表明とか、そういう節目になるようなことは全部だ。

だから、結婚の発表もここでできたらいいなと思った。次に悩むのは発表の仕方。ラジオで発表することができたとしても、山ちゃんに事前に言ったほうがいいのか、言わずにサプライズで発表するのか……。

山ちゃんが本当に大事にしているラジオで、いくら相方とはいえ、私事の結婚報告をしていいものなのか。毎回山ちゃんは、事前にものすごく準備をして、筋道を立ててしゃべっているのを知っていたから、どうするのが2人にとってベストなのか、難しい選択だった。悩んだ結果、サプライズで発表することに決めたものの、山ちゃんがどんなリアクションを取るかは本当に誰もわからなかった。怒るってことはないだろうけど、私も関係者もドキドキだった。

後から聞いたら、優ちゃんも山ちゃんに事前に教えるかどうか、ギリギリまで迷ったそうだ。優ちゃんには前々から話していたし、知らないのは本当に山ちゃんだけだったのだ。

ラジオを聴いてくれていた人は知っていると思うけど、あんなに言葉巧みな山ちゃんが「え?」しか言わなくなったのには驚いた。心の底からびっくりしたんだろうな。いつもだったら、間を埋めるためにいくらでも言葉が出てくるのに。でも今の関係だからこそ実現できたサプライズやなぁ、と思う。きっと祝福してくれるだろうと、信頼していたからこそ、できたことだから。

ラジオには達さんも一緒に出演した。「自分は出なくていい」とずっと言っていたけど、周りから「こんな機会はなかなかないよ。先に公の場に一緒に出ちゃったほうが変に騒がれないし、詮索もされないから、最初で最後と思って出たらいいよ」と言われ、「それもそうかぁ」と思って出演を決めたらしい。

山ちゃんと達さんは初対面だったから緊張していたけど、徐々にその緊張もほぐれて、今思えば本当にベストな報告になったなと思う。

達さんが私のことを「温かいお茶が出てきたような気持ちになる人」と例えてくれた。とっさにパッと浮かんだ言葉だそうで、本当に思っていることなんやなぁと、改めて幸せな気分になった。

こんなに思い出に残る放送だったのに、録音するのを忘れていて、あれから聴き返せていない。そんな適当なところも含めて、私らしくていいか。

これはおのろけではない

1人で暮らしていた時は、時間を決めてきちんと食事を取ることはほとんどなく、おなかがすいた時に冷蔵庫にあるものをとりあえず食べるという感じだったけど、2人で暮らすようになり、食事もできるだけ一緒に、ちゃんとしたご飯を作って食べるようになった。

これまで自分の都合だけで決めていたスケジュールに夫という存在が加わって、朝ごはんを一緒に食べるために1時間早く起きようとする自分がいる。そんな生活も悪くない。というかすごくいい。

私に余裕がない時は、マイペースで過ごしているし、お互い心地よく生活できている感じがする。

結婚報告後は、取材などでよく「旦那さんはどういう方ですか?」と聞かれた。とにかく優しくて、真面目で、律義な人と答えている。仕事に対して真面目なのはもちろん、過去に共演した人が出演している舞台や映画はすべて行こうとするし、生活の中でも、「人が見ていないんだから、うまくごまかしたらいいやん」って私だったら思ってしまうようなところでも絶対に手を抜かないし、ちゃんと向き合う。その反面細かいこだわりは人より強いかもしれない。

私とは正反対の性格だけど、彼が私を悪く言うことはない。でも実際はどう感じているんだろうと疑問に思っていたところ、とあるインタビューで私のことを「大ざっぱ」と言っているのを見た。「あ、やっぱり大ざっぱとは思ってるんや！」と笑ってしまった。

いつだったか、卵とブロッコリーを同じ鍋の中で一緒にゆでて、それをマヨネーズであえて出した時があった。その時は全然何も言わずに食べていたのに、後日「ごめん、あれはやめてほしいかも。卵の殻に付着してる何かがブロッコリーに染み込んじゃうとか思わない？」と言われ、「そんなこと思ったこともなかったな……。でもなるほど。そういうところを大ざっぱって言ってるんやろうな」と妙に納得したのだった。

そんな達さんも、こだわるわりには、実は結婚するまでゴミ屋敷のような部屋に住んでいたし、今でも部屋は汚いので、私と達さんはどっちもどっちなのだ。だからけんかになることもなく、ちょうどいいバランスなんやろうな。

とはいえ、まだ結婚生活は始まったばかりだ。きっと良い時も悪い時もあるのだろう。来るべき夫婦げんかに備えて、ボクシングの練習でも再開しようかな（笑）。

「おわりに」に代えて

今回、自分の人生を振り返って気づいたことがある。それは、私はめっちゃ人との出会いの運がいいということ。

今の立場があるのは、ご先祖さまや両親のおかげとしか思えないし、周りの人たちとの出会いがあっての「南海キャンディーズ・しずちゃん」になれてるんだと改めて感じた。

たとえば、蒼井優ちゃん。出会ってからもずっと憧れの存在だから、「この人と少しでもつながっていたい！」と思って、関係を大切にしてきた。

梅津正彦さんとの出会いには、それはもう大きく人生を変えられた。地獄を見せてくれた。いい意味で。「自分の弱さを認めながら、強さを求めろ」と言ってくれた。

私は、人との出会いでしか人生は変わらないと思っている。思いもよらない出会いから、思いもよらない方向に人生が転がっていくのが、面白いのだ。

山ちゃんとの出会いも、実は最初から「この人だ！」とピンときていたわけではなかったし、仲が悪い時期もあった。それでも今振り返ってようやく、「本当にいい出会いをしたな」と思えている。

仕事の巡り合わせも運だ。自分たちよりも、もっと面白い先輩がたくさんいたのに、運とタイミングがばっちりハマッたから早めに売れさせてもらったんだと思っている。

だからいただいたお仕事も、バンジーと心霊スポット以外は、流れに身を任せてスケジュールが空いている限り受けるようにしている。せっかく新しく仕事がもらえるのに、断るなんてもったいないと思うのだ。

一方で相方の山ちゃんは、自分のやりたいことがはっきりしているので、自分が行きたい方向にどんどん進んでいっているように見える。私と山ちゃんはそういうところでも対照的だ。だからこそ一緒にいて面白い。

私は今、「これをやらずに死ねない」と思うことは特にない。新しい何かを始めたいという気持ちは今のところはあまりなく、今までに積み重ねてきたことをこれからもやり続けたい。

ただ、お芝居でいえば、今までは私のイメージに当て書きした役をいただくことが多かったから、全然違う自分っぽくない役をやってみるのも面白そうだなぁと思っている。すっごく性格の悪い嫌な奴とか、頭のおかしいサイコパスな犯罪者のような、演じるのが難しそうな役柄だ。

私は、「どうなるかわかんないけど、やってみようかな」と勇気を出して一歩踏み出す生き方をずっとしていきたい。面白く生きたいんだと思う。

お笑いをやり始めた頃の自分からすると、遠くに来たように思う。

今でも南海キャンディーズとして、漫才はずっと続けていきたいし、それは山ちゃんも同じだろう。コンビ結成15年で初めてやった単独ライブは、プレッシャーがすごかった。ネタを7〜8個覚えてやる大変さもあった。だけど、またあれをやってみたいと今は思っている。

だから、多分これからも、私の軸は「芸人」であり続けるはずだ。

いつも応援してくださっているファンの皆様、ありがとうございます。

芸人・しずちゃんを、これからもよろしくお願いいたします。

２０２３年7月　南海キャンディーズ　しずちゃん

5000グラムで生まれた女のちょっと気ままなお話
2023年8月2日　初版発行

著者　しずちゃん（南海キャンディーズ）

発行人　藤原寛
編集人　新井治

編集　井澤元清　矢羽田佳奈
装丁　木村奈緒子（PORT）
営業　吉岡大輔
構成　梶塚美帆（ミアキス）

発行　ヨシモトブックス
〒160-0022　東京都新宿区新宿 5-18-21
Tel：03-3209-8291

発売　株式会社ワニブックス
〒150-8482　東京都渋谷区恵比寿 4-4-9　えびす大黒ビル
Tel：03-5449-2711

印刷・製本　株式会社 光邦

ISBN 978-4-8470-7341-0
C0095　￥1400E